PATCHWORK-GESCHENKE

PATCHWORK-GESCHENKE

Patchwork ist eine beliebte und interessante Handarbeit mit einer langen
Tradition. Von schön gestalteten Gebrauchsgegenständen bis hin zu
kunstvollen Schmuckstücken bietet es viele Möglichkeiten eigener Kreativität.
Gute Anleitungsbücher gehören dazu.

Seit mehr als 30 Jahren steht der Name „Christophorus" für kreatives und
künstlerisches Gestalten in Freizeit und Beruf. Genauso wie dieser Titel
ist jedes Christophorus-Buch mit viel Sorgfalt erarbeitet: Damit Sie Spaß und
Erfolg beim Gestalten haben – und Freude an schönen Ergebnissen.

Gabriele Reher

PATCHWORK-

Neue Muster und Motive

GESCHENKE

CHRISTOPHORUS

EDITION ZWEIGART

Inhalt

Patchwork-Geschenke

Neue Muster und Motive

Patchwork – eine alte Handarbeitstechnik mit langer Tradition – ist heute wieder sehr beliebt. In vielen Orten gibt es Patchwork- und Quiltclubs. Ob allein oder in der Gruppe: Immer macht dieses Hobby viel Freude und Spaß. Die Variationsmöglichkeiten sind sehr vielfältig, neben den traditionellen gibt es zahlreiche moderne und sehr individuelle Muster.

Im ersten Band "Patchwork, Schritt für Schritt – von Anfang an" stellt die Autorin das Zusammenfügen von Quadraten und Streifen vor. Dieses Buch gibt eine Einführung in die Technik des Patchwork mit den Formen "Crazy" und "Dreiecke". Dabei werden sowohl das Arbeiten von Hand als auch das Nähen mit der Maschine beschrieben. Genaue Zeichnungen und viele Tips und Tricks tragen zum Gelingen Ihrer Werkstücke bei. Jede Technik wird von Grund auf erklärt, denn bei der Erarbeitung eines Patchwork-Modelles sind die Planung und das Errechnen der Zuschnittsgrößen besonders wichtig.

Alle Modelle in diesem Band sind aus den Patchworkstoffen der Firma **smyrnafix** in Sindelfingen gearbeitet.

Ob Grußkarten, Decken, Schachteln oder kleine Taschen: Als schöne, individuelle Geschenke sind sie immer willkommen und bereiten viel Freude.

Die Stoffe

Die vorgestellten Modelle sind aus original amerikanischen Patchworkstoffen von **smyrnafix** gearbeitet. Dieses sind dichtgewebte, farbechte Qualitäten aus reiner Baumwolle. Die Gewebebreite ist ca. 115 cm. Mehr als 800 Druckdessins stehen zur Auswahl: Millefleurs, große Blumen, geometrische Dessins, spezielle Weihnachtsmuster, Streifen und Karos gibt es in vielen Farben, Helligkeitsstufen und Mustervarianten. Dazu kommt eine Skala von Unifarben. **Smyrnafix**-Patchworkstoffe sind in Handarbeitsgeschäften, in speziellen Patchworkläden und in Kaufhäusern erhältlich.

❶ **smyrnafix**-Stoffe müssen nicht vorgewaschen werden. Alle anderen Stoffe sollten vor dem Verarbeiten gewaschen werden, damit sie später nicht unregelmäßig einlaufen. Stoffe immer gebügelt und lichtgeschützt aufbewaren.

❷ Kaufen Sie erst einmal kleine Stoffmengen. Oft reichen schon 10 bis 20 cm aus, da ja immer mehrere Stoffe kombiniert werden.

❸ Natürlich können Sie auch gebrauchte Stoffe von Kleidern, Blusen, Hemden, Gardinen, Tischdecken usw. verarbeiten. Sie sollten aus Baumwolle und gewaschen sein.

❹ Bei Mustern gilt: Je kleiner die Patchworkarbeit, desto kleiner die Muster! Auch helle und dunkle Schattierungen wirken bei verschiedenen Dessins sehr reizvoll.

❺ Füllmaterial/Vlies gibt es in verschiedenen Stärken und Ausführungen. Auch Molton, Vlieseline oder Frottee sind für kleinere Arbeiten als Polster geeignet.

Die Werkzeuge

Richtiges Werkzeug erleichtert Ihnen das Arbeiten sehr. Fürs Patchwork gibt es einige praktische, spezielle Geräte:

❶ Rollschneider mit Wechselklingen (Klingen können nachgekauft werden.)

❷ Rollschneidelineal mit Maßeinteilung, 40 oder 60 cm lang

❸ Schneidematte, 45 x 60 cm (kleiner ist sie unpraktisch)

❹ Quadratlineal

❺ Zum Quilten – ganz besonders bei größeren Arbeiten – ist ein Quiltrahmen nützlich.

❻ Zur Grundausstattung gehören eine Nähmaschine und ein Bügeleisen.

❼ Weiteres Zubehör sind: scharfe Schere, Trennmesser, Stecknadeln, Sicherheitsnadeln, Quilt- und Heftgarn, Kreidestift (für dunkle Stoffe), Bleistift, Schablonen, Quiltnadeln, Fingerhut und Klebeband.

Die Technik

Die alten, amerikanischen Patchwork- und Quiltarbeiten sind mit der Hand genäht. Auch heute noch wird gern in dieser ursprünglichen Technik gearbeitet: Man kann das Werkstück auf eine Zugfahrt mitnehmen oder Wartezeiten, zum Beispiel auf Ämtern oder beim Arzt, nähend nutzen. Die meisten Modelle werden aber heute mit der Nähmaschine genäht und von Hand – nach dem Füttern mit einer Einlage – gequiltet.

Das Quilten ergibt erst den unverwechselbaren Steppcharakter. Durch die Einlage erhält die Patchworkarbeit Festigkeit. Decken werden wärmender.

ZUSCHNITT

Für den Zuschnitt der einzelnen Stoffstücke für eine Patchworkarbeit gibt es bestimmte Berechnungsregeln. Diese ergeben sich aus den Fertigmaßen (F) eines Modells. Jedes Teilstück, ob Quadrat, Rechteck oder Dreieck, braucht eine Nahtzugabe nach allen Seiten. Daraus ergibt sich das Zuschneidemaß (Z).

Für Quadrate, Rechtecke und Streifen gilt: $Z = F + 0,7$ cm Nahtzugabe an allen vier Seiten (= 1,5 cm Nahtzugabe zu zwei Seiten). Diese Nahtzugabe entspricht der Breite des halben Nähmaschinen-Steppfußes.

Für Dreiecke, die aus Quadraten geschnitten werden, gilt folgende Regel: $Z = F + 2,5$ cm Nahtzugabe zu zwei Seiten.

Bei den vorgestellten Modellen sind – wenn nicht anders vermerkt – die Fertigmaße angegeben.

Tip:
Entwürfe können sehr gut auf kariertem Papier gemacht werden. Zeichnen Sie Ihren Entwurf mit seinen unterschiedlichen Formen, bestimmen Sie das Außenmaß und teilen die Fläche in die gewünschten Teilstücke ein. Die Formen, so unterschiedlich sie sind, müssen immer wieder gleiche oder zueinander passende Blöcke ergeben. Große und kleine Blöcke können miteinander verbunden werden, wenn die Maße stimmen. Achtung! Jedes Teilstück auf dem Entwurf muß – immer zu vier Seiten – eine Nahtzugabe erhalten. Dreiecke werden zunächst zu Quadraten, diese dann zu Blöcken zusammengefügt.

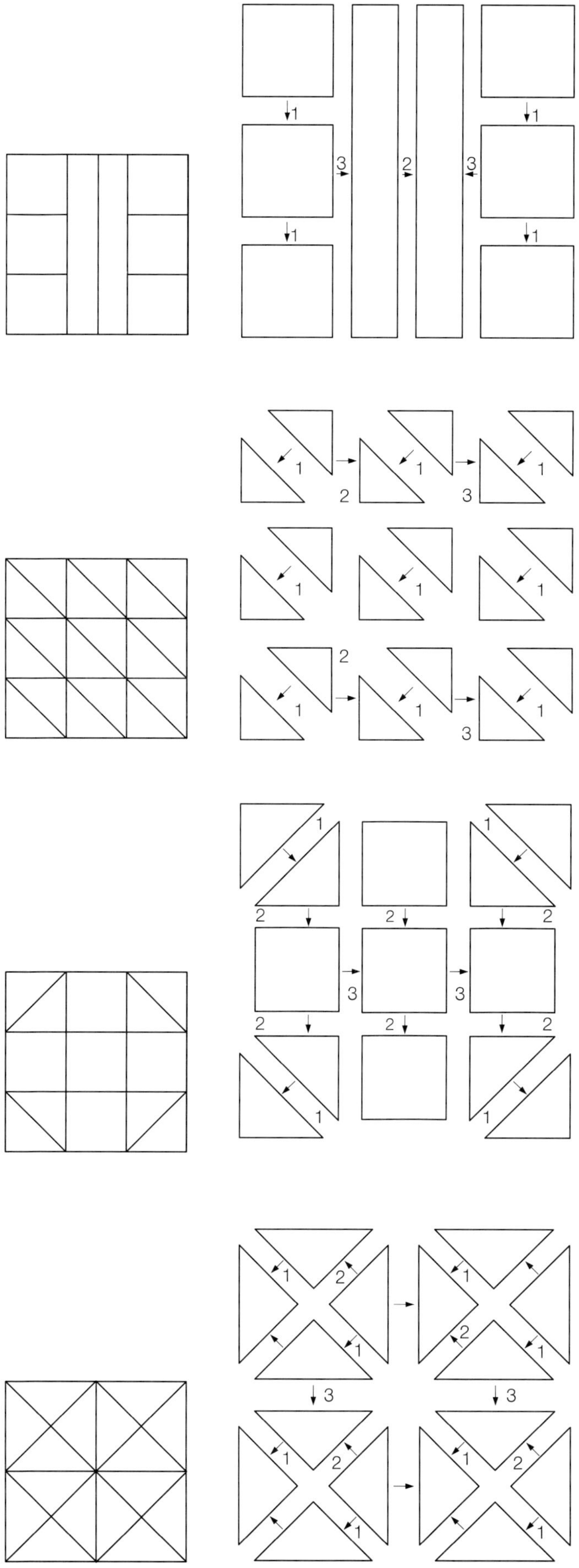

BLÖCKE

Rechtecke, Quadrate und Dreiecke werden zu Blöcken (Quadrate oder Rechtecke) zusammengesetzt. Dabei gibt es sehr viele verschiedene Kombinationsmöglichkeiten. Die Zeichnung zeigt einige Beispiele.

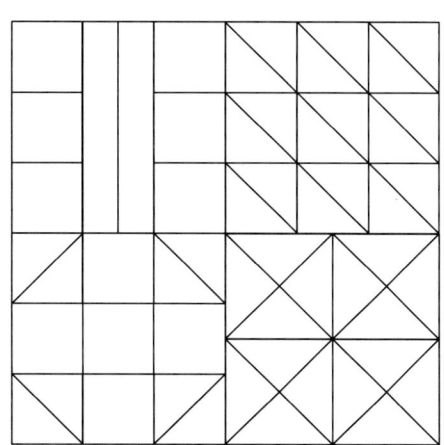

Tips und Tricks

SCHNEIDEN DER STOFFE

Das Schneiden der Stoffe geht am besten, wenn diese entsprechend vorbereitet sind: Zuerst bügeln, dann Webkante auf Webkante fadengerade zusammenlegen und von der Schneidekante entfernt mit Stecknadeln fixieren. Zum Schneiden die Schnittkante nach vorn auf die Schneidematte legen. Mit dem Schneidelineal begradigen, das gewünschte Maß einstellen und fest aufdrücken. Den Stoff mit dem Rollschneider entlang der Linealkante abtrennen. Den Schneidetisch nicht zu klein wählen und gut beleuchten.

NÄHEN DER STOFFE

Sie können gleiche Nähvorgänge (z. B. Dreiecke an Quadrate oder Quadrate aneinander) als Kette nacheinander nähen. Muß einmal unterbrochen werden, über ein ca. 3 x 3 cm doppelt gelegtes Stück Stoff (Maus) nähen, bevor Sie wieder ansetzen. So sparen Sie viel Nähgarn.

BÜGELN DER NÄHTE

Hier gibt es zwei Möglichkeiten:
Methode 1: Nähte zur dunkleren Stoffseite bügeln.
Methode 2: Nähte auseinanderstreichen und dann bügeln.

RANDSTREIFEN

Randstreifen sehen als Abschlußkante besonders schön aus. Ob für eine Decke, eine Tasche oder ein Kissen: Immer ist er 5,5 cm breit und wird in der Länge – diese ergibt sich aus der Größe des Werkstückes – doppelt gelegt gebügelt.

❶ Die offenen Kanten des Streifens auf den Rand der Patchworkarbeit legen und bis auf 0,7 cm (Nahtzugabe) an die nächste Ecke steppen.

❷ Den Streifen im rechten Winkel hochschlagen (A), dann in Kantenhöhe wieder herunterklappen und steppfußbreit weiternähen (B). So bei allen Ecken verfahren.

❸ Zum Abschluß das Endstück auf den versäuberten Anfang nähen.

❹ Den Randstreifen nach hinten umlegen. Mit Handstichen auf der Rückseite festnähen.

❺ Für lange Streifen Stücke schräg abgenäht ansetzten (C).

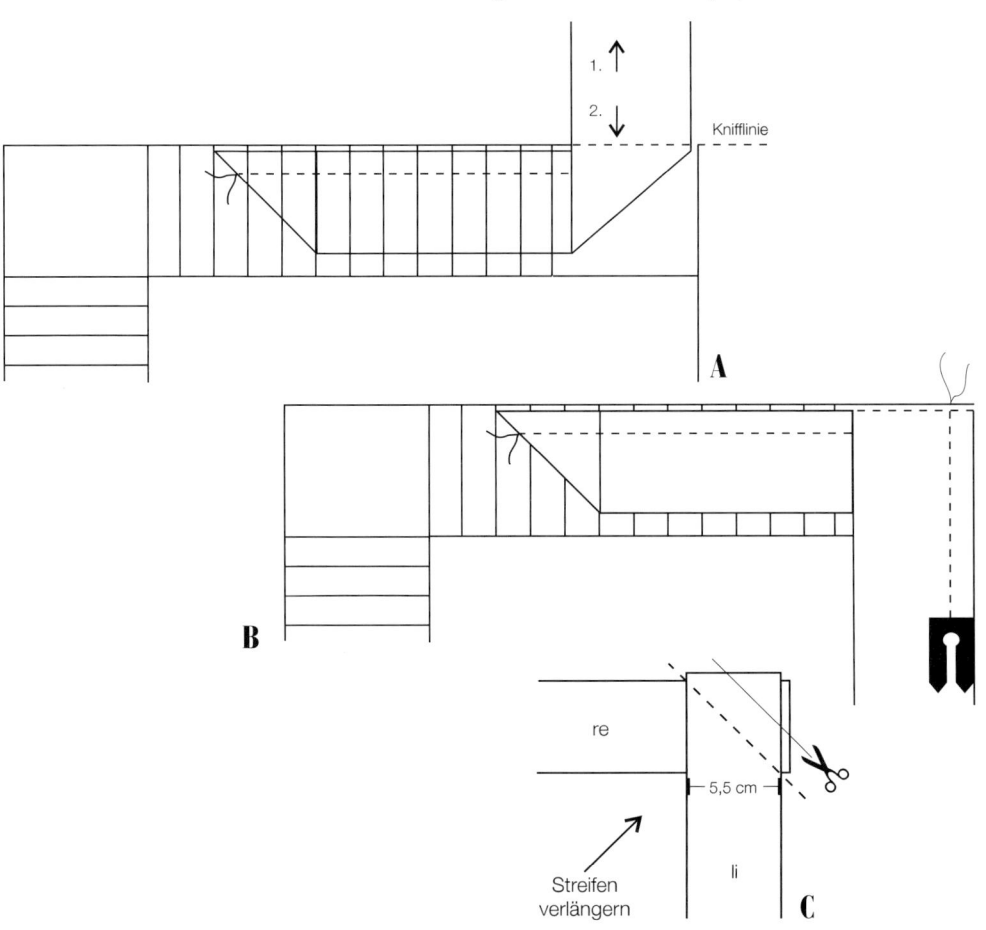

10

KISSENRÜCKSEITE MIT REISSVERSCHLUSS

① Für die Rückseite ein Stoffteil in ca. $^1/_3$ Kissengröße und ein zweites Stück in ca. $^2/_3$ Kissengröße + 5 cm zuschneiden.

② An eine Seite des kleineren Stoffstückes rechts auf rechts den Reißverschluß nähen. Dieser ist rechts und links ca. 5 cm kürzer als der Stoff.

③ Das größere Rückseitenteil rechts auf rechts auflegen und die zweite Reißverschlußkante annähen (A).

④ Die Stoffteile aufklappen. Aus dem größeren Stoffteil eine Falte über den Reißverschluß legen (B).

⑤ Mit Stecknadeln fixieren, rechts und links und entlang des Reißverschlusses festnähen (C).

⑥ Den Reißverschluß öffnen. Die Rückseite rechts auf rechts auf die Vorderseite legen (Der Reißverschluß liegt dabei unten!) und rundherum steppen.

⑦ Durch den Reißverschluß wenden, die Ecken herausarbeiten und die Nähte bügeln.

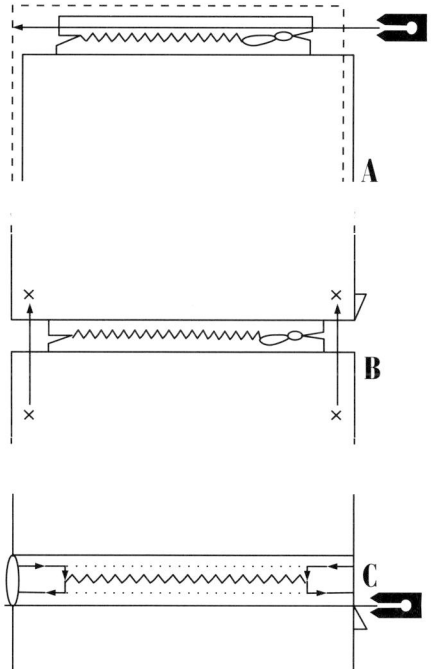

KISSENRÜCKSEITE MIT HOTELVERSCHLUSS

① Für diese Rückseite ein Stoffteil (1) in ca. $^1/_2$ Kissengröße und ein zweites Stück (2) in ca. $^3/_4$ Kissengröße zuschneiden.

② Beide Teile an einer Längsseite säumen und wie die Zeichnung zeigt, übereinanderlegen.

③ Mit Stecknadeln fixieren. Beim größeren Stoffteil rechts und links entlang des Saumes ca. 10 cm aufeinandernähen.

④ Die so entstandene Rückseite rechts auf rechts auf die Kissenvorderseite legen (Achtung! Saum 1 muß zur

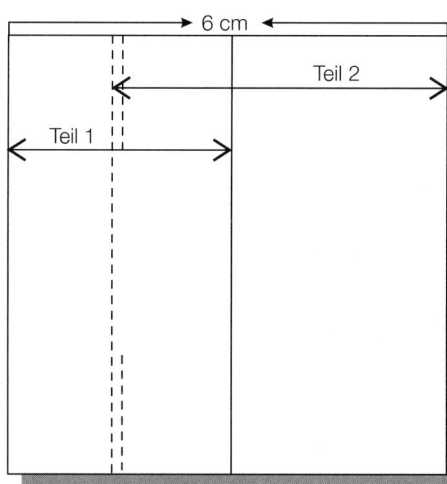

Kissenunterkante zeigen) und rundherum steppfußbreit aufnähen. Durch die dann oben liegende Öffnung wenden, die Ecken gut herausarbeiten und die Nähte bügeln.

Crazy-Patchwork

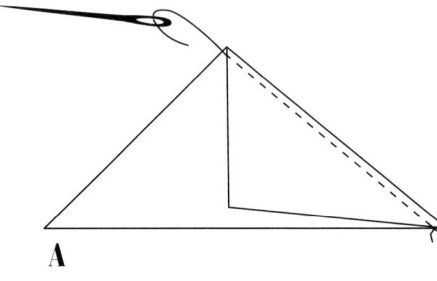

A

Crazy-Patchwork, das „verrückte" Patchwork, hält sich an keine feste Form. Verschiedene Dreiecke werden, wie es sich aus der Größe der Stoffstückchen ergibt, zu Quadraten oder Rechtecken zusammengenäht. Crazy-Patchwork kann sehr gut von Hand genäht werden.

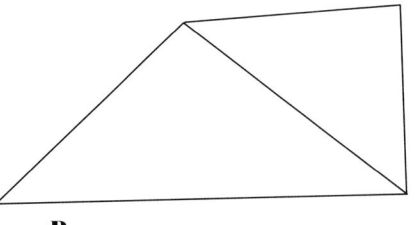

B

GRUSSKARTEN

Modellgrößen:
unterschiedlich, je nach Karten- und Buchgröße

Material:
smyrnafix-Patchworkstoffe (kleine Stückchen)
Passepartoutkarten
Alleskleber
evtl. etwas Glimmer

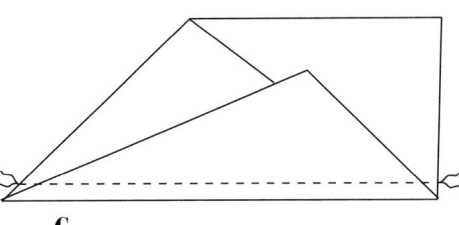

C

Arbeitsanleitung:

Crazy – Nähen von Hand

① Ein Stückchen Stoff zum Dreieck schneiden. Ein weiteres Dreieck rechts auf rechts auf das erste legen. Die Naht mit feinen Reihstichen nähen (A).

② Das aufgenähte Stoffstückchen aufklappen und bügeln (B).

③ An eine weitere gerade Seite des ersten Dreiecks ein Stoffstückchen nähen (C), ebenfalls bügeln.

④ Mit einer Schere das genähte Stück eventuell begradigen (D).

⑤ Ein weiteres Dreieck annähen (E). So Schritt für Schritt weiterarbeiten, bis das enstandene Crazy-Stück etwas größer ist als der Kartenausschnitt.

⑥ Den inneren Rand des Kartenausschnittes mit Alleskleber bestreichen. Das Crazy-Stück paßgerecht einkleben und mit der beigefügten Karte abdecken.

Die Arbeitsanleituntung für die Buchhüllen und das Lesezeichen finden Sie auf Seite 14!

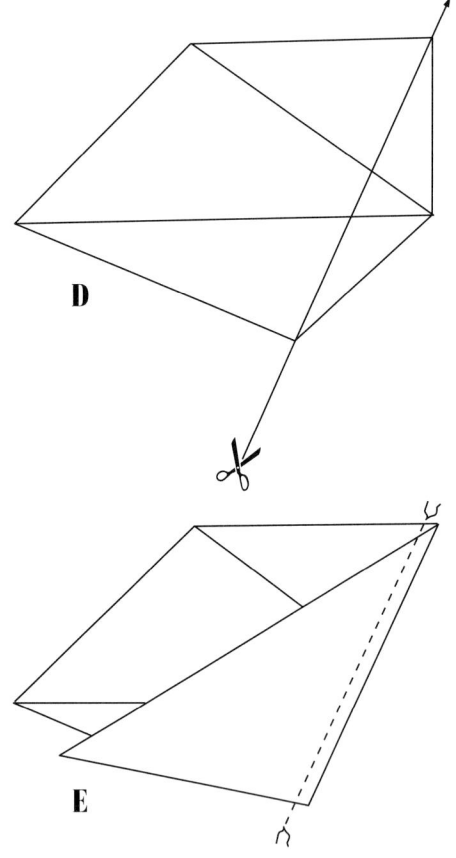

D

E

BUCHHÜLLEN UND LESEZEICHEN
Abbildung siehe Seite 13

Modellgröße:
unterschiedlich, je nach Größe des Buches

Material:
smyrnafix-Patchworkstoffe
(auch kleine Stückchen)
Futterstoff
Sticktwist
Schleifenband

Arbeitsanleitung:

❶ Für ein rechteckiges Buch ein Stück Crazy, ca. 24 x 24 cm groß, nähen (von Hand oder mit der Nähmaschine, siehe Seite 16) und in zwei Rechtecke schneiden. Für das quadratische Buch das Crazy-Stück nicht teilen.

❷ Mit Streifen in Kontrastfarben die Crazy-Stücke zur gewünschten Größe ergänzen, dabei den Inneneinschlag mitbedenken.

❸ Den Stoff mit Stickstichen verzieren. Dazu dreifädigen Sticktwist verwenden (Zierstiche siehe Seite 14).

❹ Futterstoff in der Größe der Vorderseite zuschneiden. Rechts auf rechts legen und rundherum bis auf eine kleine Öffnung zusammennähen. Wenden und knappkantig steppen.

❺ Lesezeichen aus Reststücken arbeiten. Die Form zuschneiden und wie die Buchhüllen füttern. Beim Annähen des Futters Schleifenband mitfassen.

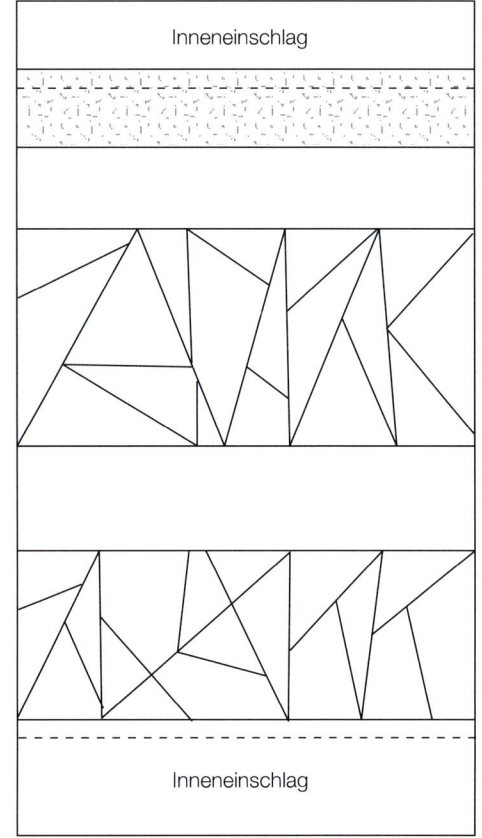

Tip:
Wenn in Crazy-Technik eine ganze Decke gearbeitet wird, können die Stickstiche als Quiltstiche verwendet werden. Das macht eine Decke – wie die alten, amerikanischen Vorbilder – besonders kostbar.

ZIERSTICHE

Kettenstich

Eine Schlinge wird an die nächste gereiht. Der Faden liegt unter der Nadel. Die Nadelspitze bestimmt die Größe.

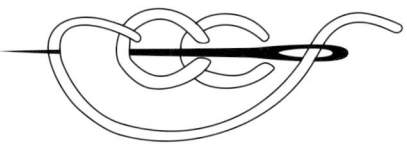

Blütenstich

Die Schlingen werden wie beim Kettenstich gearbeitet. Die Nadel wird nicht nach vorn, sondern wieder zur Mitte geführt.

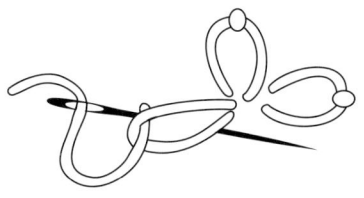

Versetzter Blütenstich

Die Schlingen werden wie beim Kettenstich gearbeitet. Die Nadel tritt dort aus dem Gewebe, wo die neue Schlaufe sitzen soll.

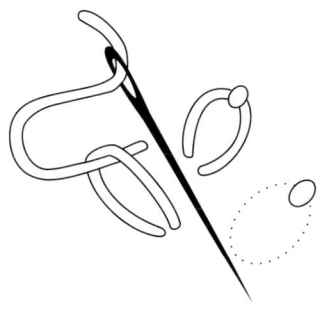

Kreuzstich

Eine erste Reihe Schrägstiche wird von rechts nach links gestickt. Die zweite Reihe, die das Kreuz bildet, von links nach rechts. Die Nadel tritt jeweils senkrecht unter dem oberen Einstich wieder aus dem Stoff.

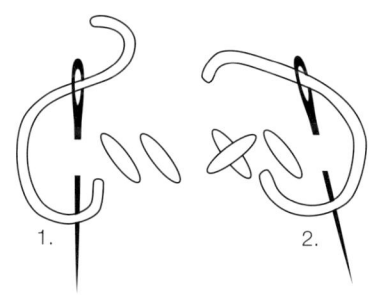

Knopflochstich

Die Nadel wird senkrecht parallel ins Gewebe gestochen, bei großen Stichen höher als bei kleinen. Der Faden liegt unter der Nadel.

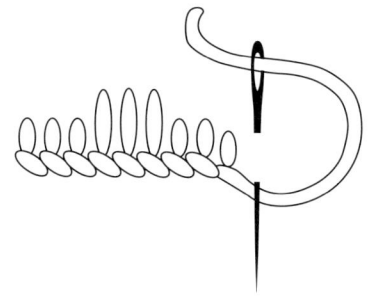

Bogenstich

Für die Bogen die Nadel schräg und immer etwas versetzt in den Stoff stechen, einmal von rechts nach links, dann von links nach rechts.

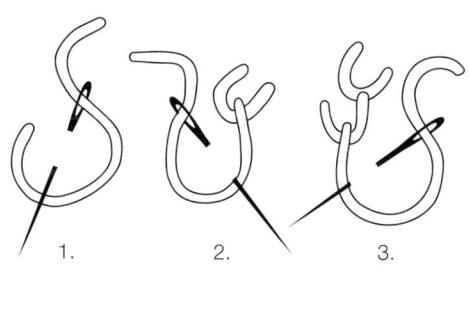

Spannstich

Der Faden wird vom Ausstich zum Einstich über den Stoff gespannt.

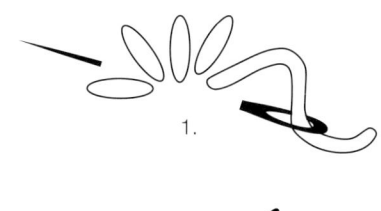

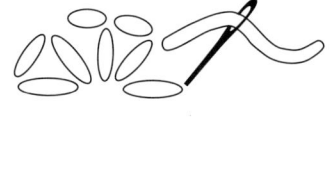

GÄSTEHANDTÜCHER UND WASCHLAPPEN

Modellgrößen:
Bordüre in Handtuchbreite

Material:
smyrnafix-Patchworkstoff (auch Reststücke)
Gästehandtücher
Waschlappen
evtl. Naht- oder Schrägband

Arbeitsanleitung:
Crazy – Nähen mit der Nähmaschine

① Zwei beliebig geschnittene Stoffstücke mit einer geraden Kante rechts auf rechts übereinanderlegen und ca. 0,7 cm (steppfußbreit) zusammennähen (A).

② Damit das typische Crazy-Muster entsteht, die Ecken begradigen (B) und dort weitere Stoffstücke ansetzen (C und D).

③ Nähen Sie so viele unterschiedlich gemusterte Reststücke aneinander, daß ein Streifen, ca. 10 cm breit und ca. 2 cm länger als die Handtuchbreite, entsteht.

④ Mit Hilfe von Patchworklineal und Rollschneider (oder mit einer Schere) die Streifen in die gewünschte Breite schneiden (E).

⑤ Einfarbige Stoffstreifen, ca. 3 cm breit, zuschneiden. Mit diesen Streifen – Sie können auch Schrägstreifen oder Nahtband verwenden – die Kanten versäubern. Die schmalen Seiten werden eingeschlagen.

⑥ Den versäuberten Crazy-Streifen auf das Handtuch steppen. Eventuell einen zweiten Streifen genauso arbeiten und aufnähen.

⑦ Für den Waschlappen ein Dreieck in Crazy nähen und die Kanten gerade schneiden. Mit Streifen versäubern und aufsteppen.

Tip:
Eine Handtuchbordüre kann auch aus Dreiecken, Quadraten oder einer Kombination aus Crazy und Quadraten gearbeitet werden.

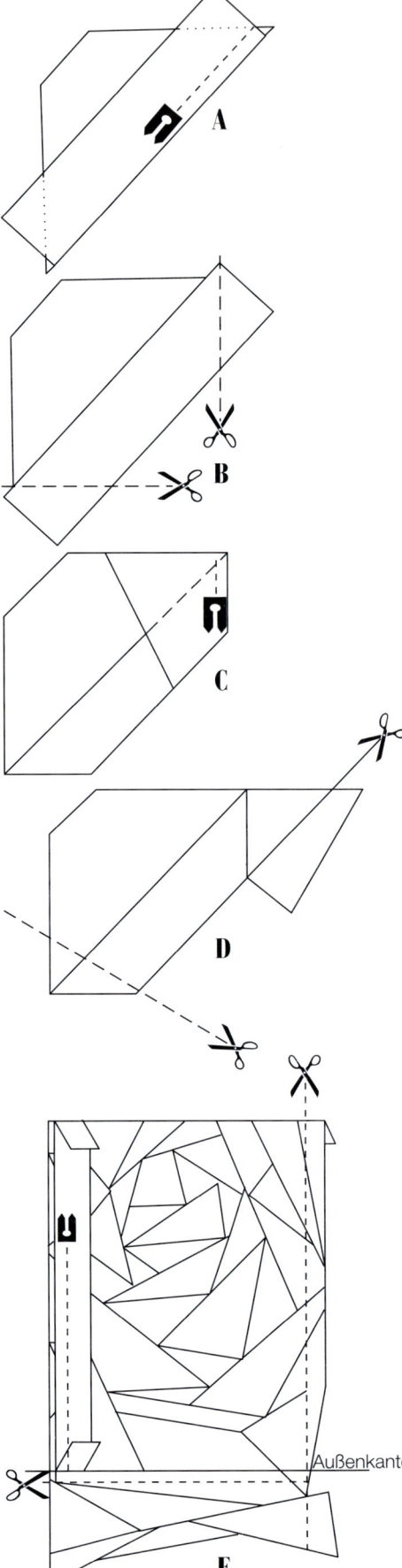

RUCKSACK

Modellgröße:
ca. 50 cm hoch, 80 cm Umfang

Material:
smyrnafix-Patchworkstoff
Nessel oder anderer Untergrundstoff
2 Schäkel
2 Ringe (aus Metall)
Vlies
einfarbiger Baumwollstoff als Futter

Arbeitsanleitung:
Crazy – auf Untergrundstoff

❶ Aus Nessel zehn Quadrate, in der Größe 20 x 20 cm, zuschneiden.

❷ Zwei Stückchen Patchworkstoff rechts auf rechts zusammenlegen und auf die Mitte eines Nesselquadrates nähen (A). Das obere Stoffteil aufklappen und bügeln (B). Auch Reststücke mit Naht können verwendet werden.

❸ Ein weiteres Stück Stoff anfügen. Ist keine Gerade vorhanden, das neue Stück Stoff so legen und abnähen, als sei eine da. Aufklappen und bügeln. Überstehende Teile verschwinden unter dem aufgenähten Stück (C).

❹ In dieser Art weiterarbeiten, bis das ganze Quadrat mit Stoffstücken be-

deckt ist. Alle zehn Quadrate nähen und auf eine Größe von 17,5 x 17,5 cm (Fertigmaß = 16 cm) zuschneiden.

❺ Streifen in 5,5 cm Breite zuschneiden und zwischen die Quadrate nähen. Nach der Zeichnung D in der Reihenfolge 1 bis 6 vorgehen. Dabei im Mittelkreuz der Vorderseite die Schlaufe mitfassen.

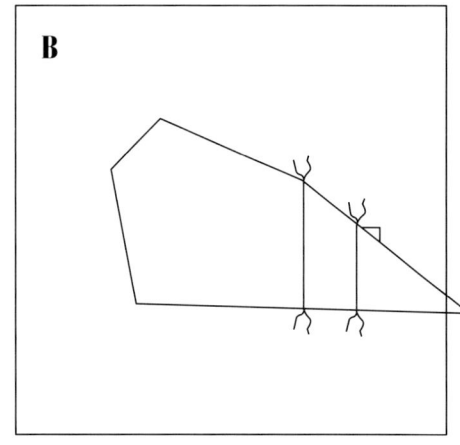

❻ Für die Träger vier Streifen, 6,5 cm breit, in der gewünschten Länge zuschneiden.

❼ Die Träger mit einem Vliesstreifen rechts auf rechts legen. An zwei langen und einer kurzen Seite steppfußbreit nähen, wenden und bügeln. An einer Seite die offene Kante einschlagen, rundherum steppfußbreit steppen.

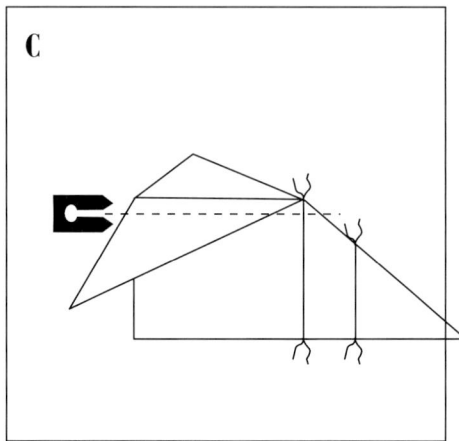

❽ An einer Trägerseite eine Schlaufe mit Ring anbringen. Dafür das Endstück umlegen und feststeppen.

❾ Für die Rucksackklappe ein Quadrat mit einem Streifen in 5,5 cm Breite umranden.

❿ Beim Nähen des Klappen-Futters vorbereitetes Verschlußband miteinarbeiten.

⓫ Futterstoff und Vlies für den Rucksack zuschneiden und rechts auf rechts legen. Rundherum bis auf Wendeöffnung steppen, wenden und bügeln. Von Hand oder mit der Nähmaschine dieses entstandene Rechteck quilten.

⓬ Nun das rechteckige Rucksackteil übereinandernähen, so daß eine Röhre entsteht.

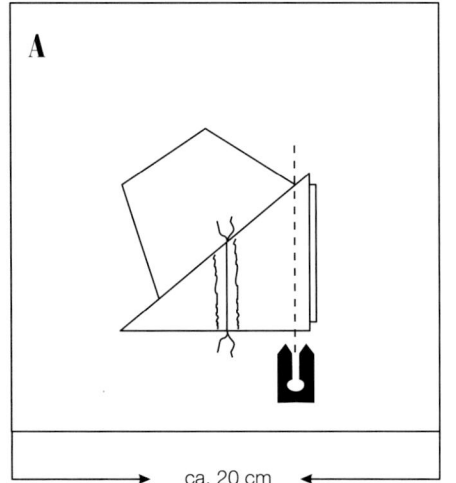

ca. 20 cm

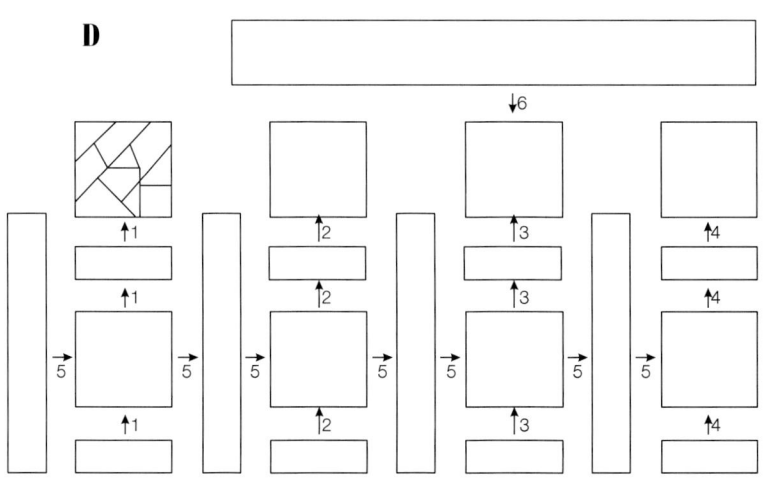

⑬ Die Klappe in der Mitte des Rückenteils (über der Naht) feststeppen.
⑭ Die Bodenfläche mit Futter und Vlies nähen, wenden und quilten. Im Oval einen Heftfaden einziehen und den Boden in die Rucksackrundung rechts auf rechts einpassen (E). Dabei an der hinteren Seite zwei Schlaufen für die Schäkel miteinnähen. Die Ecken abschneiden, den Boden wenden und die Naht mit Zickzackstich versäubern, Rucksack wenden.
⑮ Die Träger unter der Klappe annähen und sechs kleine Schlaufen am oberen Rucksackstreifen annähen. Durch diese Schlaufen eine Kordel zum Zuschnüren fädeln.
⑯ Das letzte Quadrat versäubern und mit der Hand als Innentasche in den Rucksack nähen.

ca. 30 cm
ca. 24 cm
E

Tip:
Je dicker das Vlies im Rucksack ist, desto stabiler wird er.

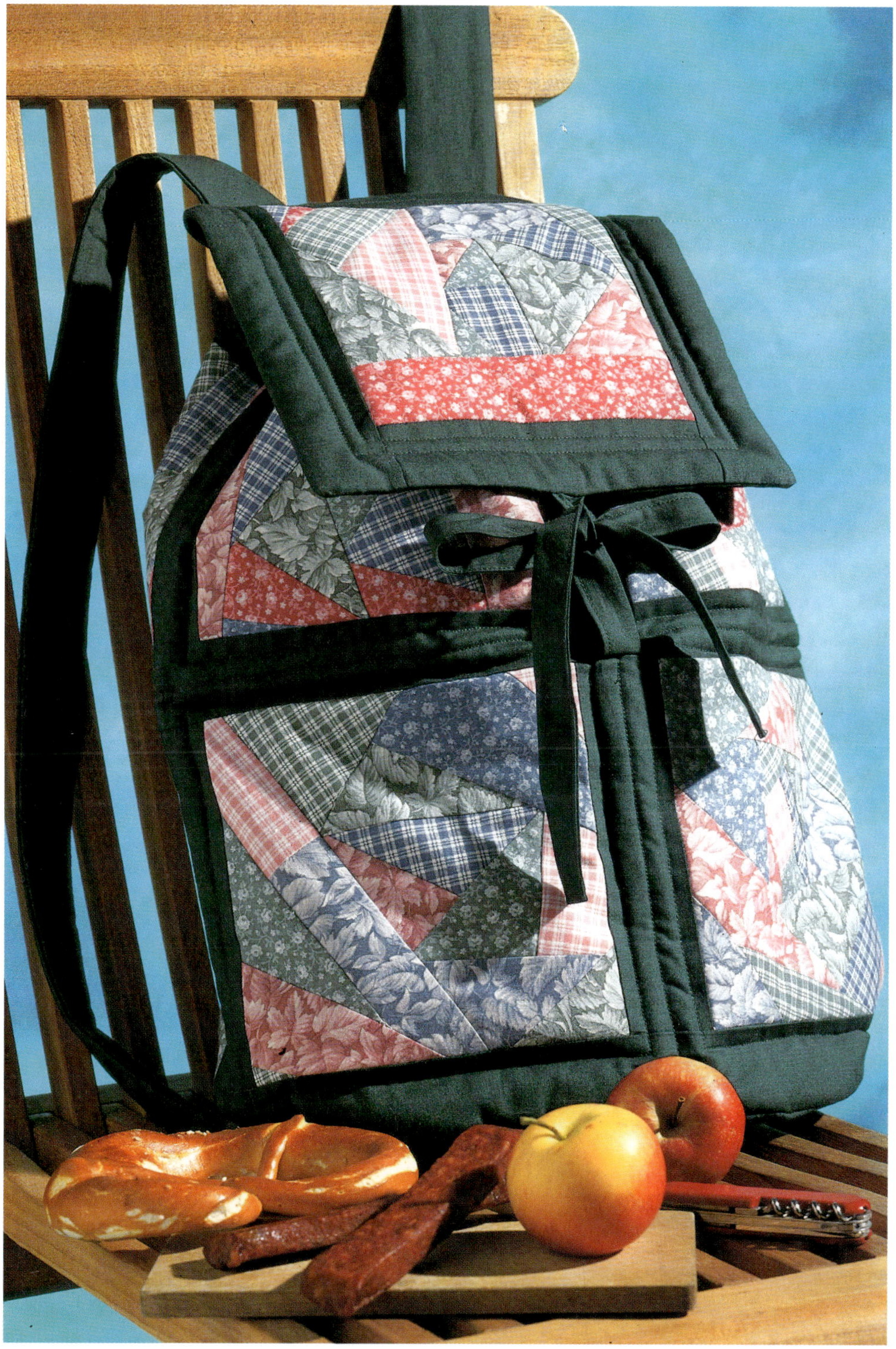

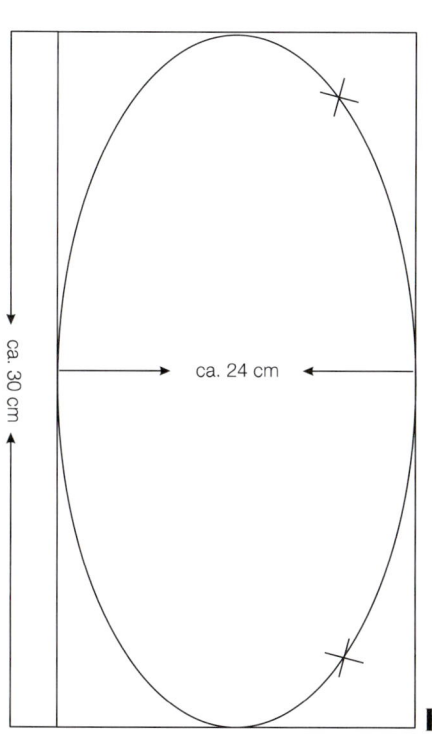

WANDBILD „CRAZY-ROSE"

Modellgröße:
ca. 60 x 60 cm

Material:
smyrnafix-Patchworkstoffe in Schwarz
Colorbars in vier verschiedenen Farbskalen

Zuschnitt:
Rosenquadrat: 18 x 18 cm
Zwischenstreifen: 7,5 cm breit
Streifen rundherum: 4 cm breit
Randstreifen: 7 cm breit
Streifen für Würfel: 3 cm breit

Arbeitsanleitung:

❶ Jede Rose durch Ansetzen von Stoffstreifen Stück für Stück rund um die Mitte arbeiten. Dabei werden die Streifen nach dem Annähen immer zum Dreieck beschnitten oder begradigt, bevor das nächste Stückchen angefügt wird (A, B).

❷ Hier empfiehlt sich die Verwendung von Colorbars, denn diese haben viele Farbnuancen in einer Stoffbreite, z.B. hell- bis dunkelgelb, rosa bis dunkelrot oder hell- bis dunkelviolett, auch blau, grün usw.

Tip:
Das Wandbild kann auch mit Vlies gefüttert werden und am Rand mit Bordüren im Quiltstich verziert werden. Dabei eine zu Schwarz kontrastierende Farbe für das Quiltgarn wählen.

❸ Ist jeweils eine Blüte fertiggestellt, werden die unterschiedlichen grünen Stoffe auf die gleiche Art angefügt, bis jedes Rosenstück ca. 20 x 20 cm groß ist.

❹ Das genaue Maß (18 x 18 cm) mit Lineal und Rollschneider zuschneiden.

❺ Für die Kante aus Würfeln jeweils schwarze und andersfarbige Streifen im Wechsel aneinandernähen (C).

❻ Rosenquadrate und Streifen in der angegebenen Reihenfolge zusammennähen (D).

❼ Futterstoff in der Größe der fertigen Vorderseite zuschneiden, rechts auf rechts rundherum bis auf eine Wendeöffnung steppfußbreit nähen. Wenden und die Ecken gut herausarbeiten. Die Öffnung mit Handstichen schließen.

❽ Auf der Rückseite mit der Hand einen Stoffstreifen als Tunnel zum Aufhängen annähen. Dort eine Leiste einschieben.

A

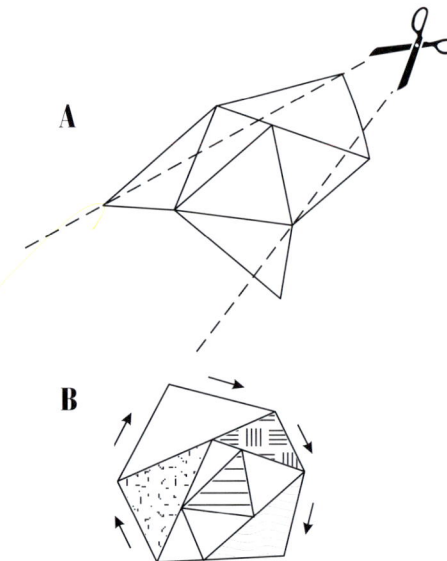

B

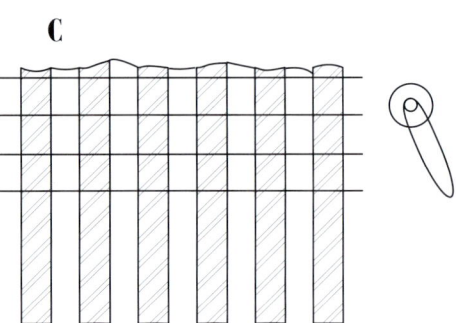

C

D

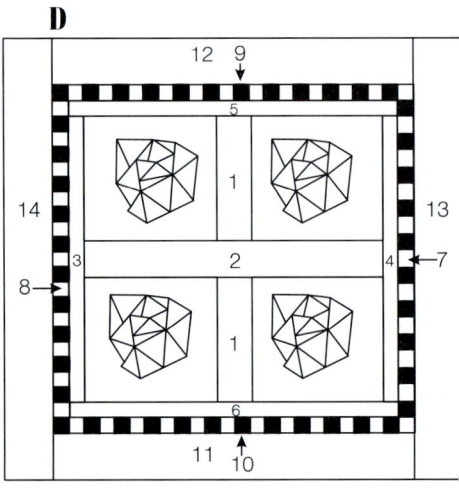

Dreiecke über Papier

VERSCHIEDENE MUSTER

Herstellen der Papier-Schablonen

1 Mehrere Schichten Papier übereinanderlegen und gleichseitige oder gleichschenklige Dreiecke in Originalgröße aufzeichnen.

2 Lineal auflegen und mit einem Cutter (Schneidemesser für Papier) alle Seiten gleichzeitig schneiden. So viele Papierschablonen schneiden, wie Sie für die Arbeit benötigen.

3 Die Papierdreiecke mit einer Stecknadel auf Stoff aufstecken, den Stoff rundherum mit mindestens 0,7 cm Naht zu schneiden.

4 Die Nahtzugaben über das Papier entlang der Kanten legen und mit Heftstichen durch Stoff und Papier fixieren. Dabei die Kanten aller benötigten Dreiecke in der gleichen Reihenfolge (rechts oder links herum) arbeiten (A).

A

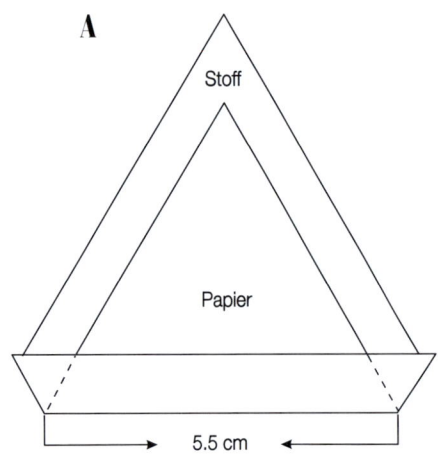

Stoff

Papier

5.5 cm

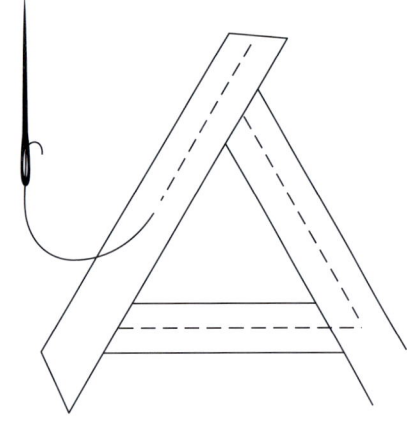

B

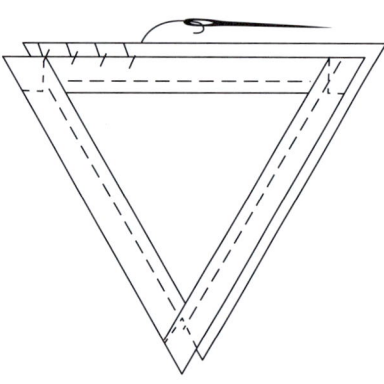

Zusammenfügen der Dreiecke:

1 Die Dreiecke zur Form legen (z.B. Zwerge oder Baum, siehe Seite 24).

2 Jeweils die Dreiecke mit aneinanderstoßenden Kanten rechts auf rechts legen. Mit dem Spezialstich aneinandernähen. Den Stich so führen, daß die Nadel einmal die eine, dann die andere Stoffkante des Dreiecks minimal erfaßt (B).

3 Die überstehenden Stoffzipfel nach hinten legen oder die Dreiecke so anordnen, daß sie sich gut aneinanderfügen.

4 Die Rückseite ebenso arbeiten oder aus einem Stoffstück als Ganzes zuschneiden. Vorder- und Rückseite zusammennähen.

5 Durch eine kleine Öffnung mit Vlies ausstopfen, Öffnung schließen.

Rastermuster, Seite 23:

Mit einem Rastermuster aus gleichschenkligen Dreiecken können Sie eigene Muster für Figuren, Sets, Deckchen, Kissen, Bänder usw. entwerfen. Das Raster ist nicht vollständig ausgefüllt, so daß Sie es für eigene Versuche kopieren können.

Zwerge und Tannenbaum

Modellgrößen:
ca: 15 x 20 cm

Material:
smyrnafix-Patchworkstoffe
Papierdreiecke
Schleifenband

Arbeitsanleitung:

❶ Originalgroßes Dreieck (A) als Schablone für die Papierdreiecke verwenden. Papierdreiecke und Stoff zuschneiden.

❷ Die benötigte Anzahl Dreiecke heften und zusammennähen.

❸ Vorder- und Rückseite zusammennähen, unten eine Öffnung zum Stopfen und zum Einschieben der Beine lassen, die später zugenäht wird.

❹ Für die Beine viermal den Stiefel (B) zuschneiden, dabei die Stellung der Füße beachten. Den Stiefel mit Reihstichen nähen, wenden, etwas ausstopfen und einarbeiten.

Tip:
Wenn Sie drei Dreiecke in Zwergengröße und ein weiteres gleichgroßes als Bodenfläche arbeiten und zur Pyramide zusammennähen, erhalten Sie einen stehenden Zwerg oder Tannenbaum.

A

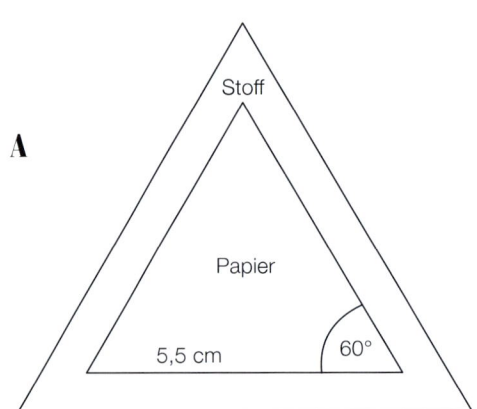

Stoff

Papier

5,5 cm   60°

B

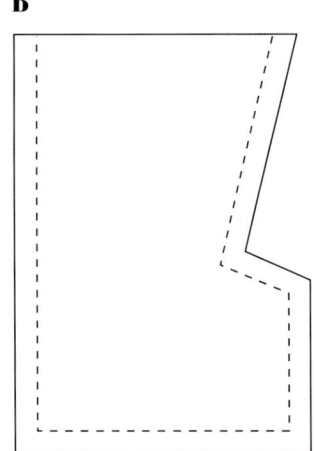

BROTKORB-DECKCHEN
MIT SERVIETTE

Modellgrößen:
ca. 30 x 30 cm

Material:
smyrnafix-Patchworkstoffe
Baumwollspitze
Nähgarn
Papierdreiecke und -quadrate

Arbeitsanleitung:

❶ Stoff mit Papierschablonen – gleichseitige Dreiecke und Quadrate (A) – zuschneiden und heften. Zwei Dreiecke ergeben ein Quadrat.

❷ Die Dreiecke und Quadrate wie angegeben (B) legen und zusammennähen. Für das Deckchen wird jede Form viermal benötigt.

❸ Nun das Mittelquadrat ausmessen, dabei eine Nahtzugabe mitrechnen.

❹ Die Bordürenkante aus Dreiecken und Quadraten jeweils Seite für Seite, rechts auf rechts, mit der Hand nähen.

❺ Die Rückseite in Deckchengröße + Nahtzugabe zuschneiden und hier links auf links gelegt an die Vorderseiten nähen.

❻ Rundherum Spitze aufnähen, die an den Ecken etwas eingehalten werden muß.

❼ Für die Serviette vier kleine Dreiecke zum großen aneinandernähen, die überstehenden Ecken nach innen klappen und mit kleinen dichten Reihstichen auf die gesäumte Serviette nähen. Spitze ansetzen.

Tip:
Nach dieser Methode können auch andere Formen, zum Beispiel Rhomben, Rechtecke oder Sechsecke, aneinandergenäht werden.

A

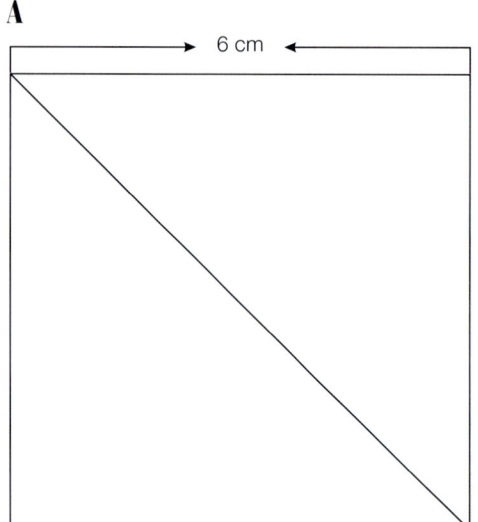

6 cm

B

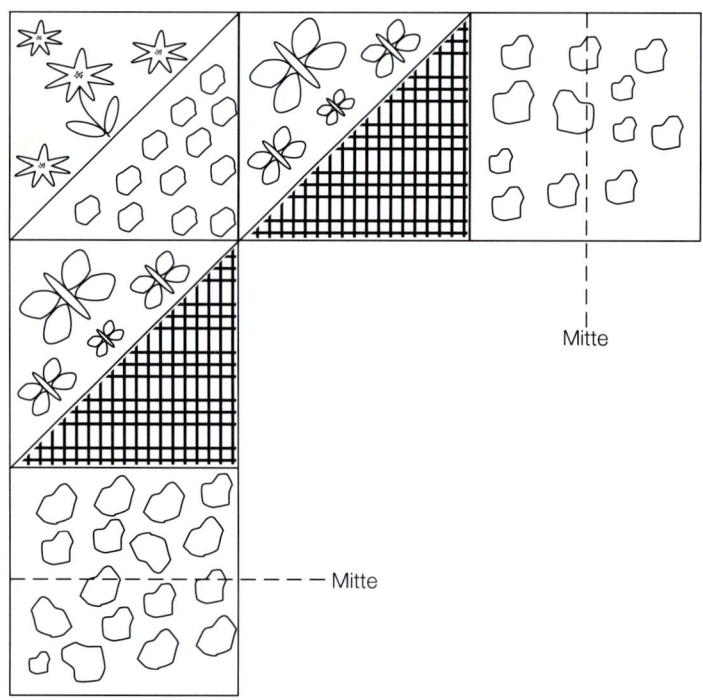

Mitte

Mitte

Dreiecke an Quadrate

SERVIERSCHÜRZE

Modellgröße:
Schürze: ca. 50 x 80 cm

Material:
smyrnafix-Patchworkstoffe
jeweils ca. 2 m Baumwollspitze,
weiß, 8 cm breit; schwarz, 4 cm breit
Baumwollstoff als Futter

Zuschnitt:
je 12 Quadrate, schwarz, weiß:
10,5 x 10,5 cm
je 24 Quadrate, rot, schwarz: 6 x 6 cm
Randstreifen, weiß: 6 cm breit
Randstreifen, rot: 2,5 cm breit

Arbeitsanleitung:

❶ Aus 10,5 cm und 6 cm breiten Stoffstreifen die Quadrate schneiden.

❷ An zwei gegenüberliegende Ecken der großen, weißen die kleinen, schwarzen Quadrate stecken. An zwei gegenüberliegende Ecken der großen, schwarzen die kleinen, roten Quadrate stecken.

❸ Die Linien wie angegeben einzeichnen und nähen (A).

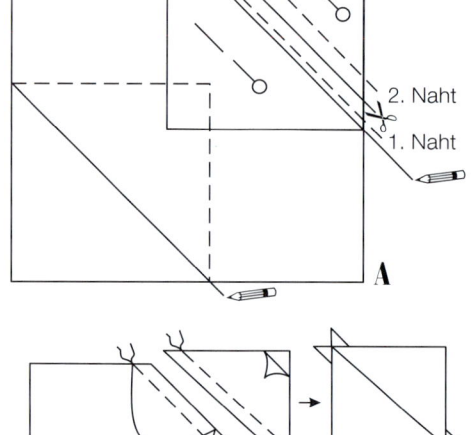

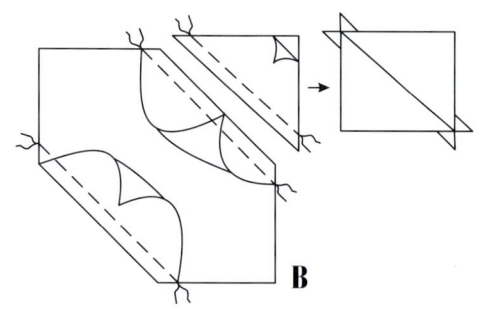

❹ Die Ecken abschneiden und bügeln (B,C). (Ecken aufbewahren!)

❺ Die fertigen Quadrate zum Muster legen (4 x 6 Quadrate) und übereinander zu Reihen nähen, dann die Reihen in sich zusammenfügen.

❻ An drei Seiten zuerst den weißen, dann den roten schmalen Rand nähen.

❼ Die Spitzen übereinanderlegen , rechts und links, dann unten annähen. Jeweils an den Ecken die Spitzenenden im Maß der Spitzenbreite überstehen lassen. An den Ecken die Seitenkante im spitzen Winkel auf die Unterkante, rechts auf rechts, legen und im 45° Winkel abnähen. Den Spitzenrest abschneiden und die Naht mit Zickzackstich versäubern.

❽ Futter in der Größe der Vorderseite mit Nahtzugabe zuschneiden. Die Naht umbügeln und das Futter mit der Hand an die Schürze nähen.

❾ Die obere Kante der Schürze leicht kräuseln, ein Bindeband (ca. 180 x 10 cm) rechts auf rechts annähen, nach hinten umschlagen und feststeppen.

❿ Vorder- und Rückseite mit Quiltstichen verbinden.

Die Arbeitsanleitung für Topflappen und Handtuch finden Sie auf Seite 46/47.

Tip:
Wenn die Schürze einen Latz bekommen soll, vier weitere Quadrate mit Dreiecken versehen, zusammennähen und füttern. Oben Träger zum Binden einarbeiten und den Latz auf den Bund steppen.

Das Quilten

VORBEREITUNG ZUM QUILTEN

Durch das Quilten entsteht der typische Charakter der Arbeiten. Es bedeutet nichts anderes als „steppen". In der Regel wird ein Vliesfutter eingefügt. So zeichnen sich die Quiltstiche besonders plastisch ab.

Gequiltet wird in einfachen Linien entlang der Nähte, senkrecht oder auch schräg, oder in kunstvollen Motiven mit dichten Reihstichen.

Schablonen als Hilfsmittel zum Aufzeichnen gibt es in vielen Variationen zu kaufen.

Sie können auch die Muster von der Seite 33 verwenden: Die Motive auf Pergamentpapier durchzeichnen und mit Schneiderkopierpapier auf die gewünschte Stoffstelle übertragen. Bordüren können beliebig, auch gegengleich, verlängert werden.

Ist das Patchworkstück fertiggestellt, wird es mit Vlies und Futter versehen: Den Futterstoff, Vlies und Oberstoff übereinanderlegen und jeweils an den gegenüberliegenden Seiten mit Klebeband auf einer Unterlage spannen. Dann werden alle drei Lagen von der Mitte aus sternförmig geheftet. Bei großen Stücken empfiehlt es sich, auch noch ein- oder zweimal kreisförmig zu heften. Sie können auch alle drei Teile mehrfach mit Sicherheitsnadeln zusammenstecken. Die Klebestreifen lösen.

Das Muster kann nun aufgezeichnet werden. Mit Quiltgarn, (dieses feste Spezialgarn gibt es in vielen Farbnuancen zu kaufen) das zur besseren Haltbarkeit über eine Wachskerze gezogen wird, die Muster mit dichten Reihstichen durch alle drei Lagen nachsticken. Auch hier wird von der Mitte nach außen gestickt, damit sich keine Wellen bilden. Bei größeren Arbeiten quiltet es sich leichter mit einem speziellen Quiltrahmen.

Sie können auch mit der Nähmaschine quilten. Einen Spezial-Quiltfuß gibt es für die meisten Maschinen. Dieser erleichtert die Arbeit, aber auch mit einem normalen Steppfuß können kleinere Patchworkarbeiten sehr gut gesteppt werden. Hübsch ist auch eine Kombination aus geraden Maschinen-Steppstichen und mit der Hand ausgeführten, besonderen Mustern.

Tip:
Einige der Muster auf Seite 31 (nicht die Bordüre) können sowohl als Quilt- als auch als Applikationsmuster verwendet werden.

1x

+

2x

VOGELKÄFIGDECKE

Modellgröße:
ca. 80 x 80 cm

Material:
smyrnafix-Patchworkstoffe
Stoff für die Rückseite
Quiltgarn, rot, grün

Zuschnitt:
Mittelquadrat, weiß: 42,5 x 42,5 cm
je 6 Quadrate, weiß, gelb: 16 x 16 cm
je 6 Quadrate, rot, dunkelgrün: 9 x 9 cm
12 Quadrate, hellgrün: 9 x 9 cm
24 Quadrate, geblümt: 9 x 9 cm
Zwischenstreifen, hellgrün: 5,5 cm breit
Randstreifen, rot: 3,5 cm breit
Randstreifen, gelb: 2,5 cm breit
Randstreifen, geblümt: 3,5 cm breit

Arbeitsanleitung:

❶ An zwei gegenüberliegende Ecken der gelben und weißen die kleinen Quadrate nähen. Nach dem Bügeln die anderen Quadrate anfügen. Für die zweite Deckenhälfte muß die Zeichnung, um 180° gedreht, vervollständigt werden. Die Ecken abschneiden (Ecken aufbewahren!) und die einzelnen Teile bügeln.

❷ Die Quadrate zusammenlegen. Die hellgrünen Zwischenstreifen annähen und an das Mittelquadrat fügen.

❸ In der Reihenfolge oben, unten, rechts, links jeweils die Randstreifen nähen.

❹ Futterstoff in der Größe der Decke zuschneiden und rundherum bis auf eine Wendeöffnung steppfußbreit nähen. Die Decke wenden, die Ecken gut herausarbeiten.

❺ Oberseite und Futter mit großen Stichen von der Mitte aus sternförmig heften. Quiltmuster (siehe Seite 31) auf Pergamentpapier pausen und mit Schneiderkopierpapier auf die Decke übertragen. Mit rotem und grünem Quiltgarn quilten.

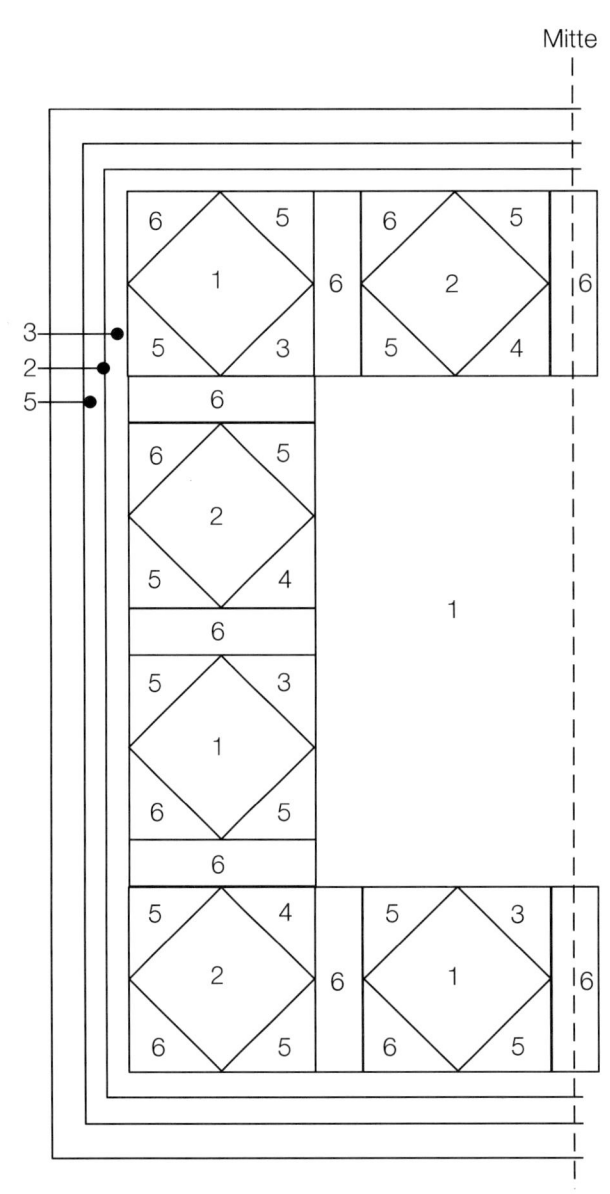

1 - weiß
2 - gelb
3 - rot
4 - dunkelgrün
5 - Blüten
6 - hellgrün

Die Arbeitsanleitung für das Deckchen finden Sie auf Seite 46/47.

Kleine an große Dreiecke

FLYING GEESE

TABLETTAUFLAGE

Modellgröße:
ca. 33 x 42 cm

Material:
smyrnafix-Patchworkstoffe

Zuschnitt:
je 5 Quadrate, dunkelblau: 8,5 x 8,5 cm
20 Quadrate, geblümt: 6,5 x 6,5 cm
4 Eckquadrate: 9,5 x 9,5 cm
(Das Mittelstück wird nach dem Nähen passend zugeschnitten.)

Arbeitsanleitung:

❶ Die Dreiecke zuschneiden (A) und zu Rechtecken legen (B).

❷ Die kleinen Dreiecke rechts auf rechts an einer Seite steppfußbreit an die großen nähen. Dabei stehen rechts und links kleine Ecken über (C).

❸ Vorsichtig bügeln, damit sich der Stoff nicht verzieht.

❹ Die zweiten kleinen Dreiecke ebenso annähen (D).

❺ Sind beide Dreiecke aufgenäht, ist an der Spitze über ihrem Treffpunkt noch 0,7 cm Nahtzugabe vorhanden sein, so daß die Rechtecke wieder zu Blöcken zusammengefügt können (E).

❻ Die vier fertigen Blöcke (aus zweimal vier und zweimal sechs Rechtecken) bilden den Rand der Tablettauflage.

❼ Die Nähte auseinanderbügeln und die überstehenden Zipfel abschneiden.

❽ Das Mittelstück passend zu den Bordüren zuschneiden. Wenn nötig, kleine Unregelmäßigkeiten durch Schneiden ausgleichen. Nicht die Nahtzugabe abschneiden!

❾ Die Eckquadrate an die Vierer-Bordüre nähen. Die Sechser-Bordüre an das Mittelstück, dann die Vierer-Bordüre an den Seiten anfügen.

❿ Die Gans (Vorlage siehe Seite 31) applizieren: Dafür etwas Stoff auf Vliesofix (Applizierfolie) bügeln, das Papier abziehen und mit der Haftschicht auf den Mittelstoff bügeln. Schnabel und Füße mit einarbeiten. Rundherum mit Knopflochstich befestigen und die Blüten sticken (siehe Zierstiche auf Seite 15).

⓫ Rückseite passend zuschneiden. Rechts auf rechts legen, bis auf eine kleine Wendeöffnung rundherum absteppen, wenden und bügeln (evtl. Vlieseinlage einarbeiten).

⓬ Nach Belieben mit passendem Quiltgarn quilten.

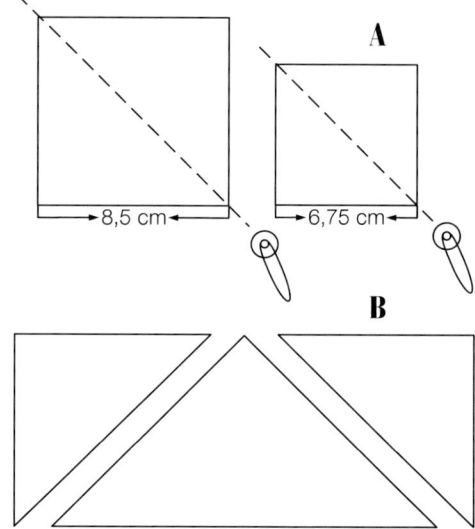

A

→ 8,5 cm ←   → 6,75 cm ←

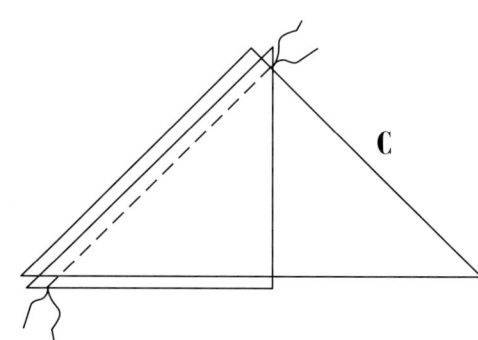

B

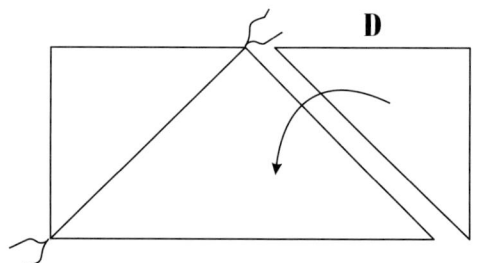

C

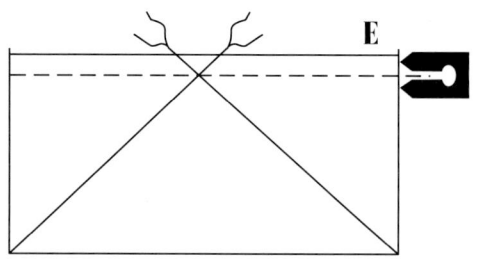

D

E

Kaffeemütze

Modellgröße:
ca. 35 x 35 cm

Material:
smyrnafix-Patchworkstoffe
Vlies

Zuschnitt :
5 Quadrate, rot: 8,5 x 8,5 cm
3 Quadrate, gelb: 8,5 x 8,5 cm
5 Quadrate, grün: 6,5 x 6,5 cm
10 Quadrate, gelb: 6,5 x 6,5 cm
Streifen, rot: 5,5 cm breit
Streifen, rot (oben): 11,5 cm breit
Streifen, grün: 5,5 cm breit

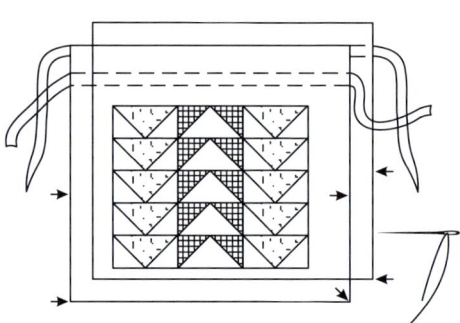

Arbeitsanleitung:

❶ Quadrate und daraus Dreiecke nach den oben angegebenen Maßen zuschneiden und zu Rechtecken zusammenfügen.

❷ Die Rechtecke zusammennähen, dann die Streifen aneineinanderfügen.

❸ An drei Seiten schmale und oben einen breiten Streifen annähen.

❹ Die Rückseite aus einfarbigem Stoff zuschneiden oder eine zweite Patchworkseite arbeiten.

❺ Für beide Teile Futterstoff passend zuschneiden und rechts auf rechts auf Vorder- und Rückseite legen. Eine Lage Vlies darüberlegen.

❻ Rundherum bis auf eine Wendeöffnung steppfußbreit nähen. Auf der Höhe des Tunnels die Nähte an beiden Seiten, auch auf der Rückseite, zwei Zentimeter offen lassen. Wenden, waagerecht den Tunnel steppen.

❼ Vorder- und Rückseite nach Belieben quilten oder steppen. Beide Teile rechts auf rechts mit der Hand zusammennähen (siehe Nähstich Seite 22).

❽ Zwei Bänder nähen und jeweils durch die Tunnel der Vorder- und Rückseite ziehen, kräuseln und zu Schleifen binden.

Tip:
Dieses Modell kann auch als Beutel oder Tasche gearbeitet werden: Den Tunnel weglassen, an drei Seiten zunähen und Henkel kreuzweise anstepppen.

Rechenformeln für „Flying geese":

Methode A:
Quadrate im Verhältnis 4 : 3 + Nahtzugabe von 2,5 cm (nach zwei Seiten: Für die entstehenden Dreiecke sind wegen der Schräge 2,5 cm statt 1,5 cm Nahtzugabe nötig.)
Beispiel:
12 x 12 cm + Nahtzugabe =
14,5 x 14,5 cm
und 9 x 9 cm + Nahtzugabe =
11,5 x 11,5 cm
Die Quadrate zu Dreiecken schneiden.

Methode B:
Rechtecke und Quadrate im Verhältnis 1 : 2 schneiden mit einer Nahtzugabe von 1,5 cm (nach zwei Seiten)
Beispiel:
6 x 12 cm + Nahtzugabe =
7,5 x 13,5 cm
und 6 x 6 cm + Nahtzugabe =
7,5 x 7,5 cm
oder:
4 x 8 cm + Nahtzugabe =
5,5 x 9,5 cm
und 4 x 4 cm + Nahtzugabe =
5,5 x 5,5 cm
Die Quadrate werden wie auf Seite 28 beschrieben an die Rechtecke gefügt.

Methode C:
Werden die zwei Dreiecke einzeln aus einem Quadrat gefertigt, gilt für den Zuschnitt des Quadrates die Regel F + Nahtzugabe von 2,5 cm.

Schnelle Dreiecke I

Zwei Dreiecke im Quadrat

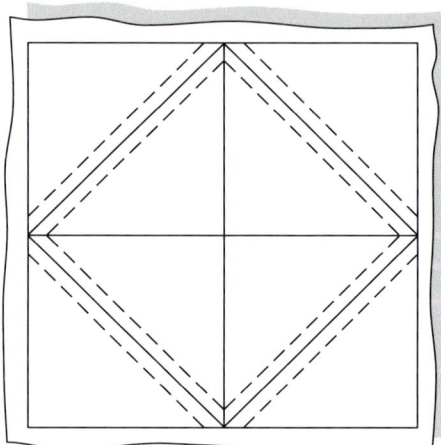

A

Mit der Technik „Schnelle Dreiecke" haben Sie die Möglichkeit, viele Quadrate mit Dreiecken schnell zu schneiden und zu nähen. Sie bestimmen die Anzahl der Formen und machen sich eine ganz praktische und rationale Technik zu Nutze.

Dazu brauchen Sie einen Raster, der auf die Rückseite von zwei rechts auf rechts gelegten Stoffen gezeichnet wird.

Regel

Rastermaß: Fertigmaß + 2,5 cm

(Für die entstehenden Dreiecke sind wegen der Schräge 2,5 cm statt 1,5 cm Nahtzugabe nötig.)

Beispiel:

❶ Ein Quadrat aus zwei Dreiecken soll im Fertigmaß 10 x 10 cm groß sein, 2,5 cm Nahtzugabe werden zu den 10 cm gezählt.

❷ Der Raster aus Quadraten, hier also 12,5 x 12,5 cm, wird auf den Stoff aufgezeichnet: Dazu zwei Stücke Stoff (ca. 1 cm größer als nach der Anzahl der Rasterquadrate nötig) zuschneiden, rechts auf recht im Fadenlauf aufeinanderlegen und bügeln.

❸ In jedes Quadrat eine Diagonale zeichnen. Mit der Nähmaschine an beiden Seiten der Schräglinie 0,7 cm breit entlangsteppen (A, B, C).

❹ Die Quadrate an der eingezeichneten Linie mit einer scharfen Schere oder dem Rollschneider teilen. Es entstehen doppelte Dreiecke. Diese aufklappen und die Nähte auseinanderbügeln.

❺ Die entstandenen Quadrate zu (quadratischen oder rechteckigen Blöcken) zusammensetzen.

❻ Zum Beispiel für eine große Decke können Sie so mehrere Raster auf zwei unterschiedliche Stoffe zeichnen und erhalten eine bunte Vielfalt für Dreiecksquadrate (A).

❼ Wie Sie rationell mit der Endlosnaht nähen können, zeigt die Zeichnung B: Die Stoffe mit Stecknadeln fixieren. In Pfeilrichtung nähen.

❽ Sollen viele unterschiedliche Dreieckspaare verwendet werden, zeichnen Sie entsprechend kleinere Raster. Als Regel gilt: Die Anzahl der jeweiligen Dreiecksquadrate auf dem Entwurf zählen und die Hälfte als Raster aufzeichnen, dabei Schritt für Schritt, Farbkombination für Farbkombination vorgehen..

❾ Einzelne Dreiecksquadrate können auch aus zwei maßgerechten, übereinandergelegten Streifen gearbeitet werden (C).

B

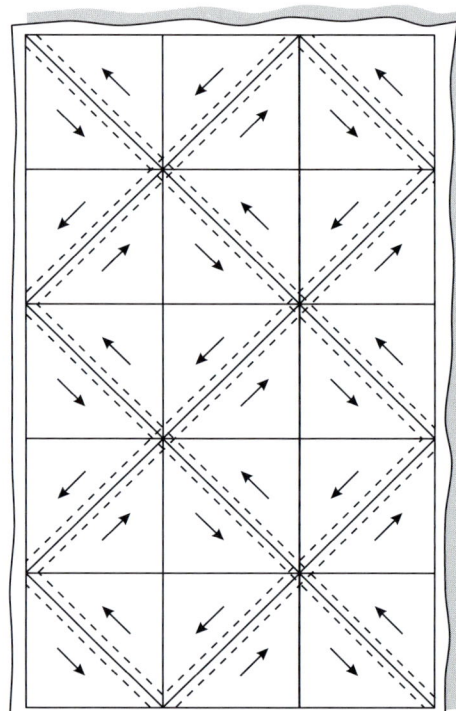

C

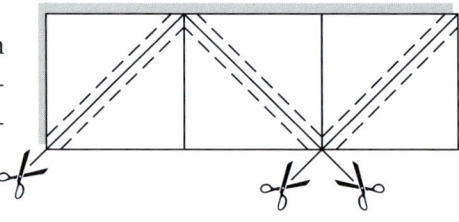

——————— = schneiden
– – – – – – = steppfußbreit nähen

Rechenbeispiele: Maßangaben / Zuschnitt

A: Blockgröße: 20 x 20 cm, zwei Stoffe
20 cm : 2 = 10 x 10 cm Fertigmaß für ein Quadrat
Raster: 2 Quadrate, 12,5 x 12,5 cm

B: Blockgröße: 30 x 30 cm, drei Stoffe
30 cm : 3 = 10 x 10 cm Fertigmaß für ein Quadrat
Raster I: 3 Quadrate, 12,5 x 12,5 cm
Raster II: 1 Quadrat, 12,5 x 12,5 cm,
1 Quadrat (Mitte): 11,5 x 11,5 cm

C: Blockgröße: 20 x 20 cm, zwei Stoffe
20 cm : 4 = 5 x 5 cm Fertigmaß für ein Quadrat
Raster: 6 Quadrate, 7,5 x 7,5 cm,
5 Quadrate, 6,5 x 6,5 cm

D: Blockgröße: 25 x 25 cm, zwei Stoffe
25 cm : 5 = 5 x 5 cm Fertigmaß für ein Quadrat
Raster : 8 Quadrate, 7,5 x 7,5 cm,
9 Quadrate, 6,5 x 6,5 cm

E: Blockgröße: 36 x 36 cm, drei Stoffe
36 cm : 6 = 6 x 6 cm Fertigmaß für ein Quadrat
Raster I, II: 6 Quadrate,
8,5 x 8,5 cm
Raster III: 4 Quadrate, 8,5 x 8,5 cm,
4 Quadrate, 7,5 x 7,5 cm,

F: Blockgröße: 48 x 48 cm, vier Stoffe
48 cm : 4 = 12 x 12 cm Fertigmaß für ein Quadrat
Raster I, II, III: 2 Quadrate,
14,5 x 14,5 cm
4 Quadrate, 13,5 x 13,5 cm
3 Blöcke in 3 Streifen:
12 cm : 3 = 4 cm Fertigmaß für die Streifenbreite

G, H, I: Musterbeispiele

J, K: Blöcke als Flächenmuster

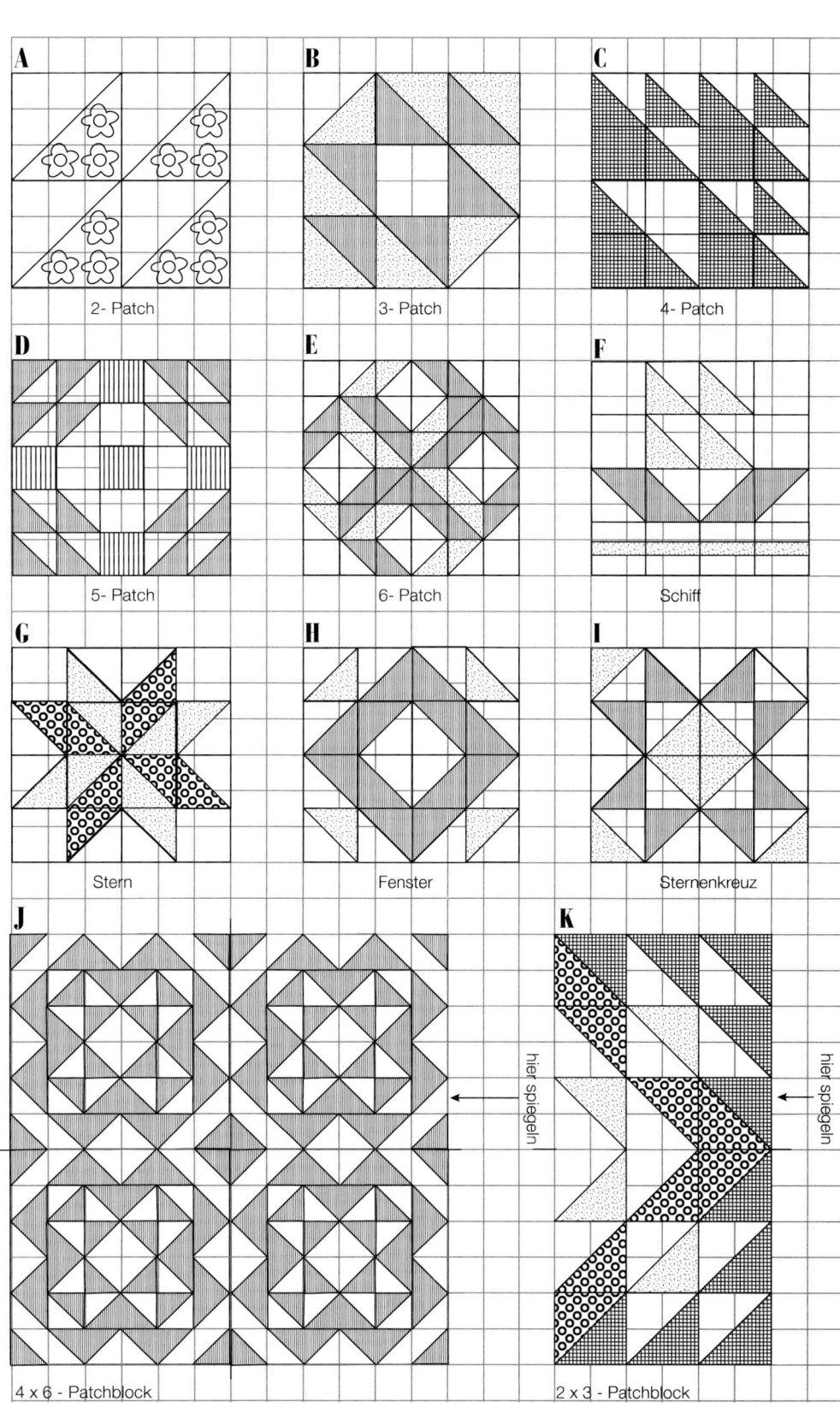

A — 2- Patch
B — 3- Patch
C — 4- Patch
D — 5- Patch
E — 6- Patch
F — Schiff
G — Stern
H — Fenster
I — Sternenkreuz
J — 4 x 6 - Patchblock
K — 2 x 3 - Patchblock
hier spiegeln

39

Tischdecke

Modellgröße:
ca. 85 x 85 cm
Material:
smyrnafix-Patchworkstoffe
dünnes Vlies
Futterstoff
Nessel für die Kissen
Quiltgarn

Zuschnitt:
Quadrate: 12 x 12 cm im Fertigmaß
→ Rastermaß: 14,5 x 14,5 cm
Raster I: 10 Quadrate, blau
Raster II: 2 Quadrate, rosa
8 Quadrate: 13,5 x 13,5 cm, rosa
4 Quadrate: 13,5 x 13,5 cm, grün
Rand, grün: 6,5 cm breit
Randstreifen (Blüten): 5,5 cm breit

A

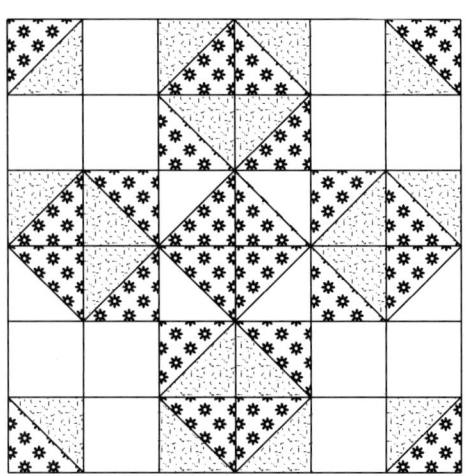

Arbeitsanleitung:
❶ Raster auf die jeweilige Stoffkombination aufzeichnen, nähen und schneiden.
❷ Das Muster legen. Zunächst Quadrate zu Reihen, dann diese Reihen aneinanderfügen (A).
❸ In der Reihenfolge oben, unten, rechts und links den Rand ansetzen.
❹ Rückseite in Deckengröße zuschneiden, mit Vlies versehen, heften oder mit Sicherheitsnadeln feststecken und quilten (siehe Seite 30)

Kissen

Modellgröße:
ca. 42 x 42 cm

Zuschnitt für beide Kissen:
Quadrate: 9 x 9 cm im Fertigmaß
→ Rastermaß: 11,5 x 11,5 cm
Raster I, II: je 4 Quadrate grün/grün, rosa/rosa
Streifen: 5 cm breit

Arbeitsanleitung:
❶ Beide Kissen wie die Decke arbeiten (B, C). Dabei statt der Rückseite zum Quilten ein Stück Nessel verwenden.
❷ Die Rückseite gesondert zuschneiden und einen Reißverschluß einarbeiten (siehe Seite 11).

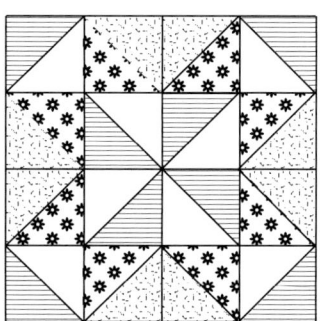

B

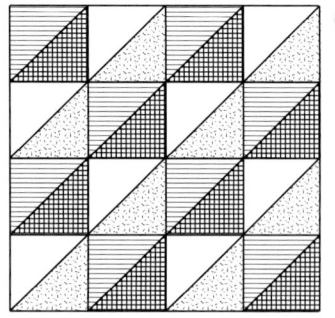

C

KLEINE TASCHEN

Modellgrößen:
ca. 21 x 21 cm

Material:
smyrnafix-Patchworkstoffe
Vlies
1–2 Druckknöpfe
Kordel

Zuschnitt:
Quadrate: 3,5 x 3,5 cm im Fertigmaß
→ Rastermaß: 6 x 6 cm
Streifen: 3,5 cm breit
Randstreifen: 5,5 cm breit

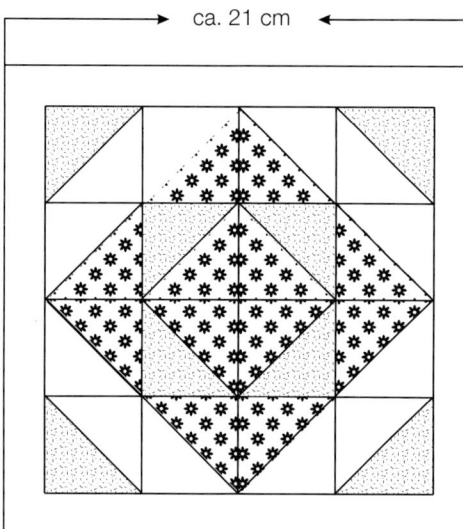

Arbeitsanleitung:

❶ Schnelle Dreiecke nähen und zu Mustern legen (siehe Seite 38).

❷ Zunächst die Quadrate zu Reihen, dann diese Reihen aneinandernähen. Die Nähte jeweils auseinanderbügeln.

❸ Aus Stoff eine Verlängerung von ca. 42 x 21 cm für die Vorderseite annähen.

❹ Futterstoff und Vlies in gleicher Größe zuschneiden, schichten und heften. Die Tasche mit Steppstichen quilten.

❺ Für die Tasche mit Randstreifen das lange Rechteck rundherum mit dem Streifen (siehe Seite 10) versäubern.

❻ Ein Drittel der Tasche umklappen und die Seiten mit Handstichen oder der Nähmaschine entlang der Randstreifennaht zunähen. Evtl. Kordel als Träger befestigen.

❼ Die zweite Tasche (ohne Randstreifen) in den Schritten 1 bis 3 arbeiten.

❽ Futter und Vlies auf die Vorderseite legen, rundherum zusammennähen, eine kleine Wendeöffnung aussparen. Die Tasche wenden und rundherum steppen.

❾ Nach Belieben quilten. Eventuell zum Verschließen große Druckknöpfe annähen.

BRILLENETUI

Modellgröße:
ca. 10 x 20 cm

Material:
smyrnafix-Patchworkstoffe
Vlies
1–2 Druckknöpfe

Zuschnitt:
Quadrate: 2,5 x 2,5 cm im Fertigmaß
→ Rastermaß: 5 x 5 cm
Raster: 12 Quadrate, 5 x 5 cm
Streifen: 5,5 cm breit

Arbeitsanleitung:

❶ Die schnellen Dreiecke nach dem Raster nähen, schneiden und das Muster legen. Die Quadrate erst in Reihen, dann die Reihen aneinandernähen.

❷ In der Reihenfolge links, rechts, oben, unten schmale Streifen rundherum annähen.

❸ Auf den entstandenen langen Streifen Futterstoff rechts auf rechts und halbierten Vlies in gleicher Größe legen. Rundherum bis auf Wendeöffnung steppen, wenden und bügeln.

❹ Das fertige Teil ist ca. 28 cm lang. Einen Teil für eine Brille passend hochklappen und rechts und links steppen. Druckknopf zum Verschließen annähen.

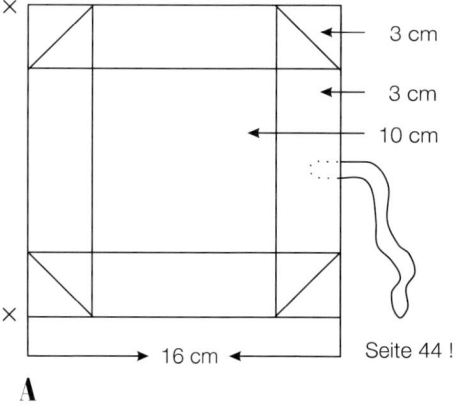

A

Seite 44 !

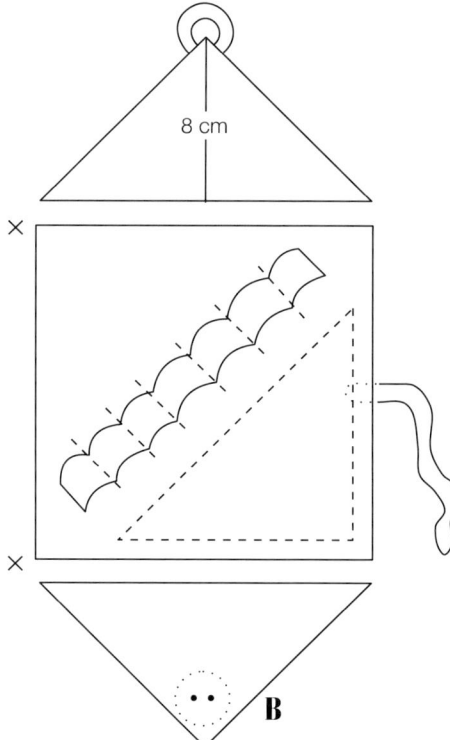

B

ETUI FÜR NÄHZEUG

Modellgröße:
ca. 16 x 16 cm

Zuschnitt (Fertigmaße siehe A):
→ Rastermaß: 3 cm + 2,5 cm
= 5,5 x 5,5 cm
Raster: 4 Quadrate, 5,5 cm
Motivstoff: 11,5 x 11,5 cm
Streifen: 4,5 cm breit

Arbeitsanleitung:

❶ Schnelle Dreiecke nähen und mit Motivstoff und Streifen zur Vorderseite zusammenfügen.

❷ Die Nähte jeweils auseinanderbügeln (A).

❸ Vor dem Füttern kleine Tasche und Schlaufenband aus versäubertem Streifen auf das Futter steppen (B).

❹ Rückseite wie Vorderseite oder uni arbeiten. Hier nach Belieben kleine Taschen für Nähutensilien zusätzlich auf das Futter nähen.

❺ Futter und Vlies rechts auf rechts auf die Vorderseite legen und bis auf eine Wendeöffnung zusammennähen. Bindeband mitfassen. Wenden und die Öffnung mit Handstichen schließen. Die Kante am Rand knappkantig steppen.

❻ Dreiecke (B) jeweils doppelt zuschneiden, rundherum nähen, wenden und mit Handstichen als Klappen an die Rückseite des Etuis nähen.

❼ Soll das Etui gequiltet werden, vor dem Füttern mit etwas Nessel unterlegen und quilten.

TOPFLAPPEN UND HANDTUCH
siehe Abbildung auf Seite 29

A

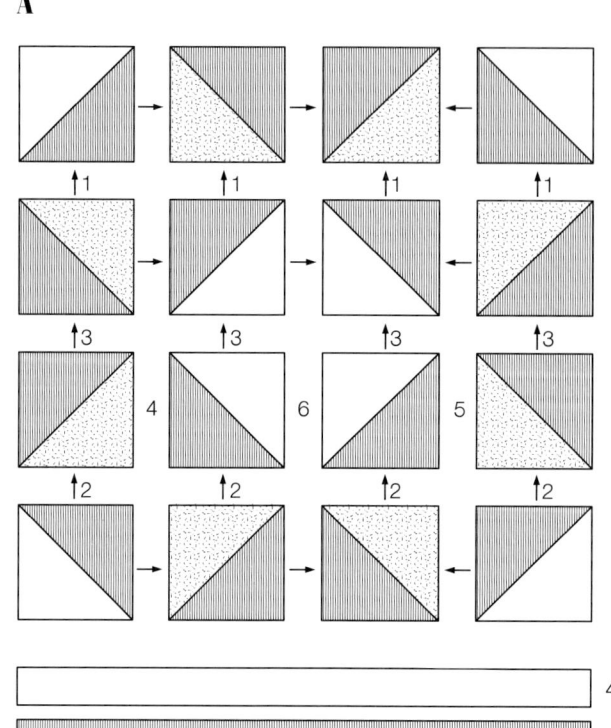

C

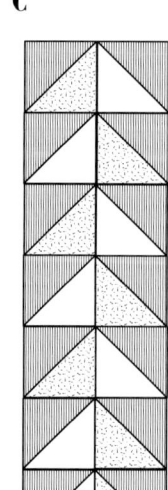

Modellgröße:
Topflappen:
ca. 20 x 20 cm
Handtuchbordüre:
ca. 7 x 40 cm

Material:
Rest-Dreiecksquadrate der Servierschürze
(siehe Seite 28/29) oder schnelle Dreiecke
smyrnafix-Patchworkstoffe
Waffelpiqué
Vlies

Arbeitsanleitung:
Hier werden die Ecken, die bei der Servierschürze Seite 28/29 übrig waren,
verwertet:

❶ Die Nähte zum dunkleren Stoff
bügeln.

❷ Muster (A oder B) legen. Die Quadrate aneinandernähen und mit Streifen in der angegebenen Reihenfolge
ergänzen.

❸ Die so gearbeiteten Quadrate mit
Streifen, 3 cm breit, umrunden.

❹ Piqué für Rückseite und Vlieseinlage oder Molton in Vorderseitengröße
zuschneiden. Stoffe, rechts auf rechts,
und Vlies auflegen. Steppfußbreit bis
auf Wendeöffnung rundherum nähen.

❺ Die zwischen die Stoffteile gelegte
Aufhängeschlaufe mitfassen.

❻ Topflappen wenden, Ecken herausarbeiten und nach Wunsch mit der
Nähmaschine oder der Hand quilten.

❼ Für die Handtuchbordüre Dreiecksquadrate legen und zusammennähen (C).

❽ Längs- und Schmalseiten der Bordüre nach innen kniffen und auf ein
Handtuch (Waffelpiqué, gesäumt)
steppen.

B

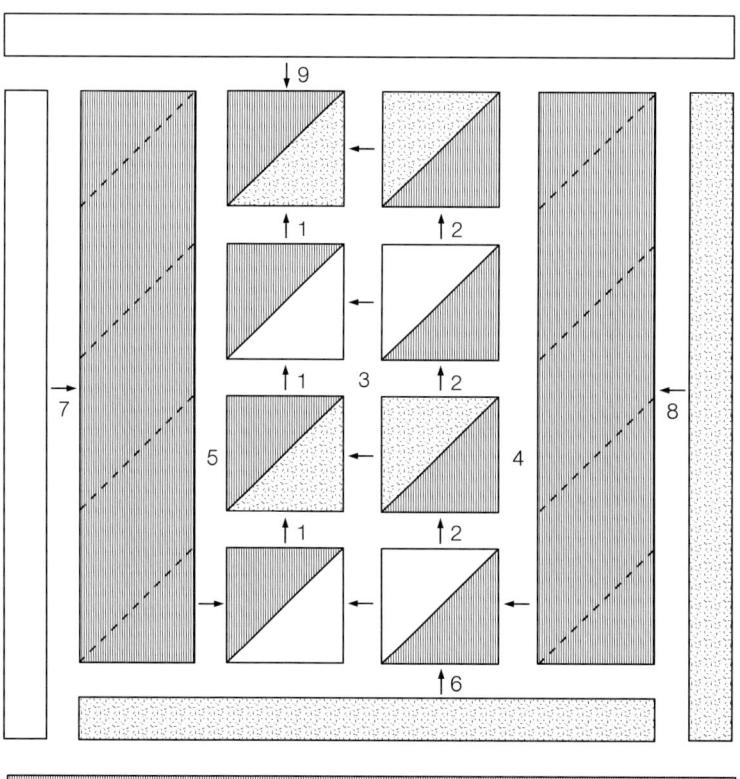

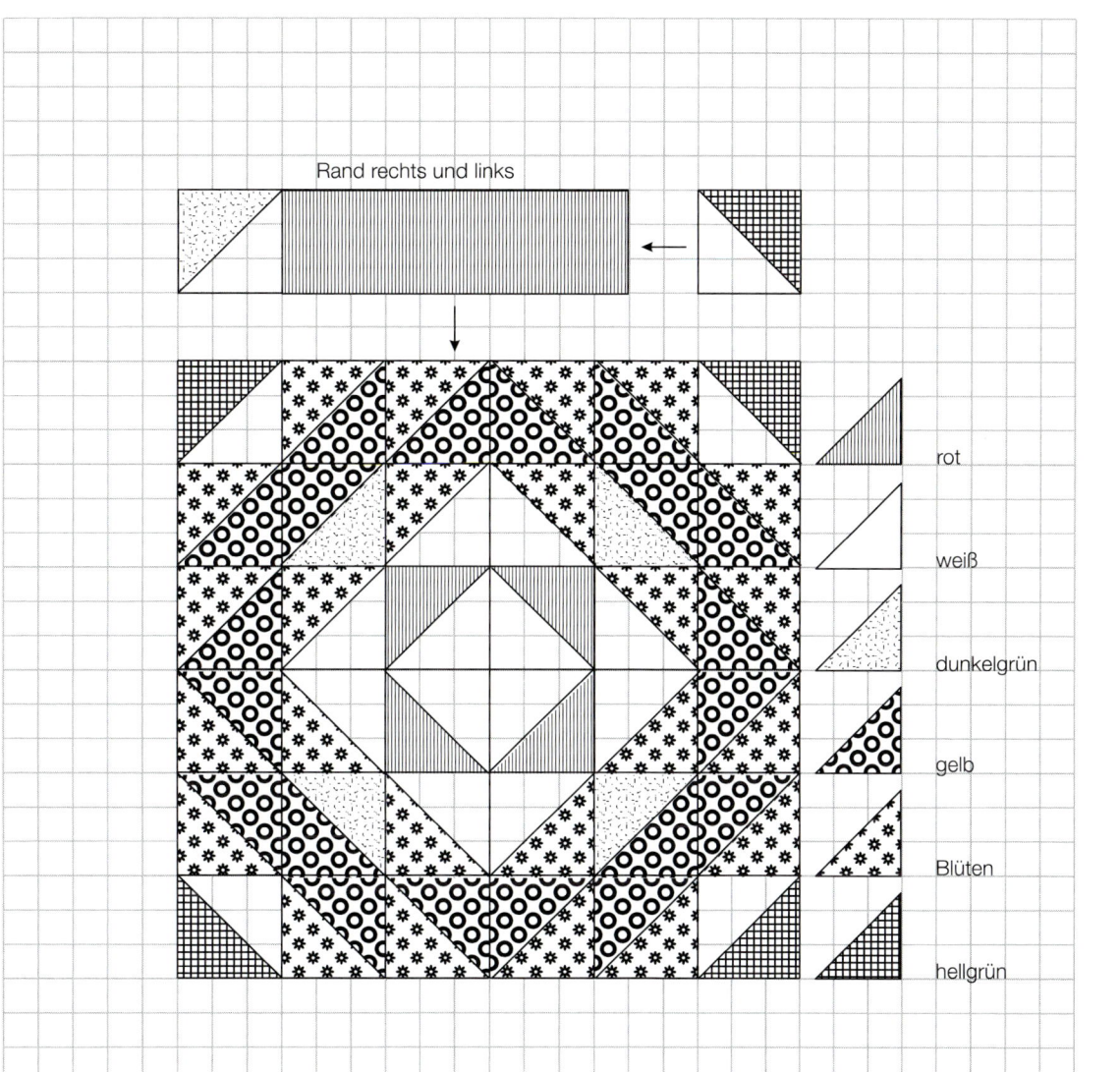

Rand rechts und links

rot

weiß

dunkelgrün

gelb

Blüten

hellgrün

D

DECKCHEN
siehe Abbildung auf Seite 33

Modellgröße:
ca. 40 x 55 cm

Material:
Rest-Dreiecksquadrate der Vogelkäfigdecke (siehe Seite 32/33) oder schnelle Dreiecke smyrnafix-Patchworkstoff

Arbeitsanleitung:
Hier werden die Ecken, die bei der Vogeldecke von Seite 32/33 übrig waren, verwertet:

❶ Die Dreiecksquadrate zum Muster (D) legen.

❷ Die Quadrate erst zu einer Reihe, dann die Reihen untereinander zusammennähen.

❸ Zum Vergrößern Streifen in Quadratbreite und in der Länge von vier Quadraten mit 1,5 cm Nahtzugabe zweimal zuschneiden.

❹ Jeweils oben und unten ein Restquadrat annähen und die Streifen rechts und links an die Vorderseite nähen.

Tip:
Aus diesen Resten können Sie auch ein Set oder Kissen arbeiten:
1. Für ein Set Rückseite anfügen.
2. Für ein Kissen Vorderseite, Vlies und Unterseite schichten, spannen und quilten. Dann Rückseite im Hotelverschluß (siehe Seite 11) arbeiten.

Schnelle Dreiecke II

VIER DREIECKE IM QUADRAT

Mit diesem weiteren Raster für „Schnelle Dreiecke" haben Sie die Möglichkeit, durch rationale Schneidetechnik schnell kleine oder große Quadrate zu erhalten, die aus vier Dreiecken bestehen. Das Muster entsteht durch die Stoffauswahl für diese Dreiecke.

Zeichnen Sie Ihr Muster auf Rechenpapier auf, um zu erfahren, welche Art von Dreieckskombinationen Sie arbeiten müssen und wie viele Dreiecke Sie für Ihre Arbeit benötigen.

Für kleinere Arbeiten können Sie auch verschiedene Kombinationen herstellen und dann einfach einzelne Muster ausprobieren. Bleiben dann Reste, so können diese z. B. für kleine Beutel, Nadelkissen oder Lätzchen verwendet werden.

Regel

Rastermaß: Fertigmaß + 3,5 cm

Beispiel:

❶ Ein Quadrat aus vier Dreiecken soll im Fertigmaß 10 x 10 cm groß sein. Das Rastermaß für dieses Quadrat beträgt also 13,5 x 13,5 cm.

❷ Zwei Stoffe (ca. 1 cm größer als nach der Anzahl/Größe der Rasterquadrate nötig) zuschneiden, im Fadenlauf rechts auf rechts aufeinanderlegen und bügeln.

❸ In jedes Quadrat ein Kreuz zeichnen (Tip: Bleistift für helle Stoffe zum Zeichnen verwenden, für dunkle Stoffe einen Weißstift).

❹ Mit dem Steppfuß der Nähmaschine nähen Sie bei 1 beginnend zunächst auf der einen Seite der Kreuznaht. Dann wechseln Sie zu 2, zu 3 usw. In der anderen Richtung folgt bei 1a beginnend 2a, dann 3a usw. (A).

❺ Alle Dreiecke müssen eine Naht haben, in den Kreuzen bildet sich ein kleines genähtes Quadrat (evtl. kontrollieren, das spart Verschnitt).

❻ Alle gerade gezeichneten Linien mit einer Schere oder dem Rollschneider schneiden, so erhalten Sie viele kleine Teilquadrate (B).

❼ Diese dann steppfußbreit rechts auf rechts zusammen nähen. Je nach gewählter Stoffkombination ergibt das reizvolle Muster, Flächen oder auch Bordüren.

Auf Seite 49 sind verschiedene Muster aus diesen schnellen Dreiecken (teilweise ergänzt mit den schnellen Dreiecken von Seite 38/39) als Blöcke zusammengesetzt. Die Rechenbeispiele ermöglichen Ihnen, nachzuvollziehen, wie die einzelnen Größen berechnet werden und zu experimentieren.

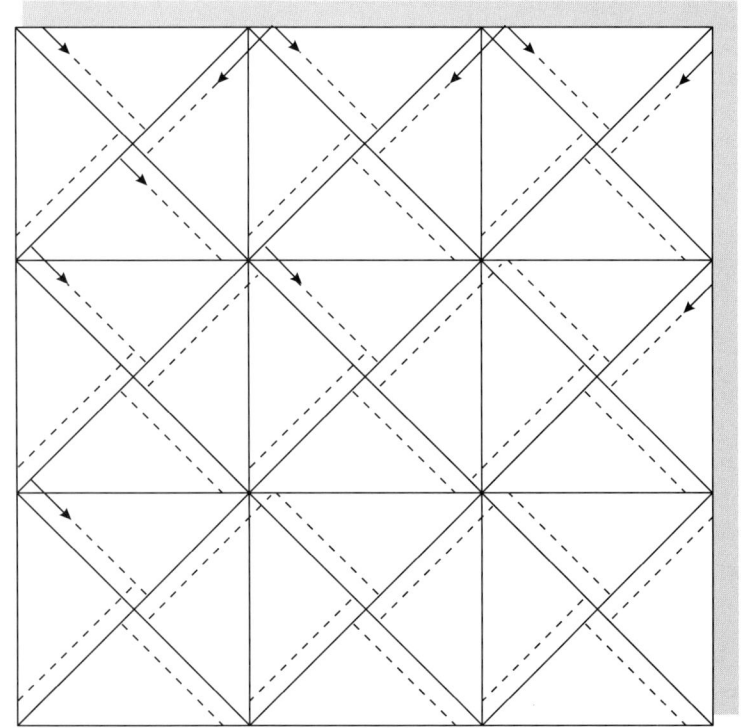

A

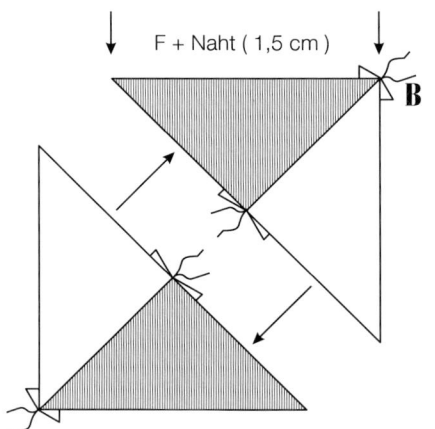

F + Naht (1,5 cm)

B

A

Block aus 3 x 3 Quadraten, 21 x 21 cm

4 Dreiecke im Quadrat

21 cm : 3 =

7 x 7 cm Fertigmaß für ein Quadrat

→ Rastermaß: 7 + 3,5 cm

$\qquad$ = 10,5 x 10,5 cm

B

Block aus 4 x 4 Quadraten, 40 x 40 cm

4 Dreiecke im Quadrat

40 cm : 4 =

10 x 10 cm Fertigmaß für ein Quadrat

→ Rastermaß: 10 + 3,5 cm

$\qquad$ = 13,5 x 13,5 cm

C

Block aus 6 x 6 Quadraten, 60 x 60 cm

4 Dreiecke im Quadrat

60 cm : 6 =

10 x 10 cm Fertigmaß für ein Quadrat

→ Rastermaß: 10 + 3,5 cm

$\qquad$ = 13,5 x 13,5 cm

D

Block aus 3 x 3 Quadraten, 45 x 45 cm

Muster A: 4 Dreiecke im Quadrat

Muster B: 2 Dreiecke im Quadrat

45 cm : 3 =

15 x 15 cm Fertigmaß für ein Quadrat

→ Rastermaß : A: 15 + 3,5 cm

$\qquad$ = 18,5 x 18,5 cm

→ Rastermaß : B: 15 cm : 2

$\qquad$ = 7,5 + 2,5 cm

$\qquad$ = 10 x 10 cm

E

Block aus 4 x 4 Quadraten, 24 x 24 cm

Muster A: 4 Dreiecke im Quadrat

Muster B: 2 Dreiecke im Quadrat

24 cm : 4 =

6 x 6 cm Fertigmaß für ein Quadrat

1 Quadrat = 7,5 x 7,5 cm

→ Rastermaß A: 6 + 3,5 cm

$\qquad$ = 9,5 x 9,5 cm

→ Rastermaß B: 6 + 2,5 cm

$\qquad$ = 8,5 x 8,5 cm

F

Block aus 3 x 3 Quadraten, 33 x 33 cm

Muster A: 4 Dreiecke im Quadrat

Muster B: 2 Dreiecke im Quadrat

33 cm : 3 =

11 x 11 cm Fertigmaß für ein Quadrat

→ Rastermaß A: 11 + 3,5 cm

$\qquad$ =14,5 x 14,5 cm

→ Rastermaß B: 11 cm : 2

$\qquad$ = 5,5 cm + 2,5 cm

$\qquad$ = 8 x 8 cm

KINDERDECKE

Modellgröße:
ca. 95 x 95 cm

Material:
smyrnafix-Patchworkstoffe
Vlies

Zuschnitt:
9 Quadrate mit Motiv: 13,5 x 13,5 cm
2 Dreiecke im Quadrat (siehe Seite 38)
Raster aus je zwei Stoffen: rot/weiß u.
gelb/grün
12 cm : 2 = 6 cm
→ Rastermaß: 8,5 x 8,5 cm
Rand, grün: 6 cm breit
Rand, weiß: 4 cm breit
Bordürenrand: 11 cm breit

Arbeitsanleitung:

❶ Raster auf doppelt gelegten Stoff zeichnen.

❷ Dreiecke zuschneiden, zu Quadraten aufklappen und bügeln. Überstehende Zipfel abschneiden.

❸ Muster legen und dann Quadrate und Rechtecke nähen. Zum großen Quadrat zusammenfügen. Immer zwei Quadate bilden ein Rechteck.

❹ Die Rechtecke aneinandernähen, auch die spiegelgleichen. Die Rechteckblöcke mit dem Mittelquadrat zusammenfügen.

❺ Die untere Hälfte wie die obere arbeiten. Dann die Teile waagerecht aneinandernähen.

❻ Die Ränder jeweils in der Reihenfolge oben, unten, rechts und links arbeiten.

❼ Oberseite, Vlies und Futter schichten, spannen und heften. Alle weißen Dreiecke mit dem Steppstich der Nähmaschine oder mit Quiltstichen per Hand arbeiten.

❽ Die Decke mit einem Randstreifen versehen (siehe Seite 10).

LÄTZCHEN

Modellgröße:
ca. 25 x 32 cm

Material:
smyrnafix-Patchworkstoffe
Vlies

Zuschnitt „Pinguin":
kleine Quadrate: 7,5 x 7,5 cm
Mittelquadrat: 13,5 x 13,5 cm
Rastermaß siehe Kinderdecke

Zuschnitt „liegend":
Raster für vier Dreiecke im Quadrat
→ Rastermaß: 9,5 x 9,5 cm

Arbeitsanleitung

❶ Rastermaß wie für die Kinderdecke in den Farben weiß/rot verwenden.

❷ Dreiecke nähen und zwei der entstandenen Quadrate aneinandernähen.

❸ Diese entstandenen Rechtecke an das Mittelquadrat fügen.

❹ Kleine Quadrate zuschneiden und an zwei weitere schnelle Dreiecke nähen.

❺ Alle Teile zu einem Block zusammennähen und diesen mit einem Streifen verlängern.

❻ Futterstoff und Vlies in der Größe der Vorderseite zuschneiden, Stoffe und Vlies übereinanderlegen.

❼ Rundherum (für den Halsausschnitt ein Stück offenlassen) steppfußbreit nähen, durch Halsausschnitt wenden und bügeln.

❽ Die Rundung des Halsausschnitts ausschneiden und mit Schrägstreifen, die zu Bändern verlängert werden, versäubern.

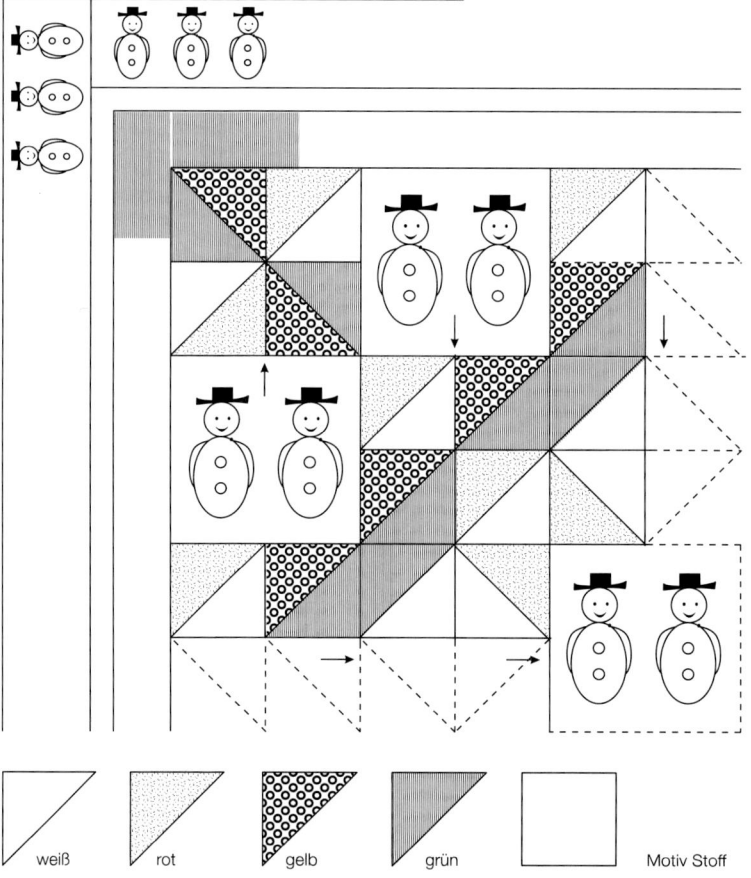

weiß ◿ | rot ◿ | gelb ◿ | grün ◿ | Motiv Stoff ▢

Schachteln

Modellgrößen:
je nach Schachtel verschieden

Material:
smyrnafix-Patchworkstoffe
Span- oder Pappschachteln

Zuschnitt:
Beispiel: grüngemusterte Schachtel mit
rosa Schleife
Modellgröße: ca. 11 x 16,5 cm
Block: 2 x 3 Quadrate (A)
1 Quadrat = 5,5 x 5,5 cm im Fertigmaß
→ Rastermaß : 5,5 cm + 3,5 cm = 9 cm

Arbeitsanleitung:

❶ Zwei unterschiedliche Stoffe (ca. 20 x 30 cm groß) schneiden, rechts auf rechts aufeinanderlegen und bügeln.

❷ Auf einer Rückseite das jeweilige Raster und die Schräglinien aufzeichnen (A).

❸ Linien nach der Zeichnung B rechts und links steppen.

❹ Entlang der eingezeichneten Linien schneiden. Dreiecke bügeln und immer zwei zu einem Quadrat zusammennähen. Die überstehenden Ecken abschneiden.

❺ Muster legen und die Quadrate erst senkrecht, dann waagerecht aneinandersetzen.

❻ Das Patchworkstück jeweils mit Streifen auf Kartonmaß vergrößern (Nahtzugabe bedenken!).

❼ Einen Stoffstreifen in doppelter Randbreite des Deckels und in der Länge des Schachtelumfangs zuschneiden und an das Patchworkstück nähen.

❽ Schachteldeckel mit Vlies bekleben, Stoff über den Deckel stülpen und am Innenrand festkleben.

❾ Die Kante durch Umlegen versäubern.

❿ Den inneren Deckelboden mit Stoff auskleiden.

⓫ Unteres Schachtelteil wie oberes arbeiten, aber ohne Vlies und Patchwerkstück.

⓬ Für andere Schachtelgrößen nach dem gleichen Prinzip neue Berechnung machen.

A

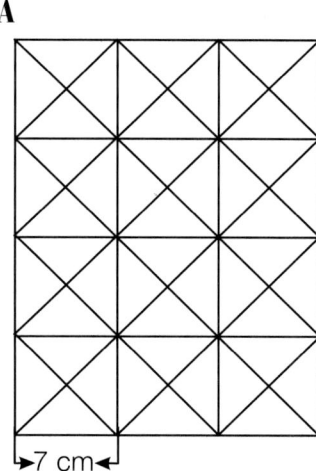

▶7 cm◀

B

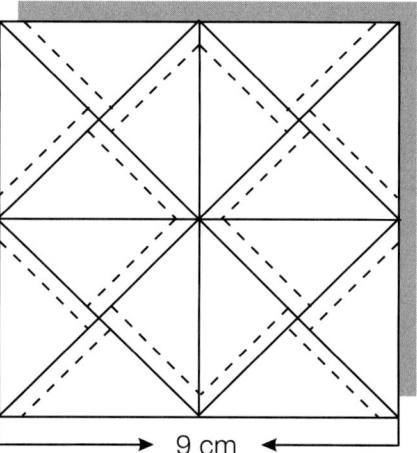

9 cm

KULTURTASCHE

Modellgröße:
ca. 23 x 36 cm

Material:
smyrnafix-Patchworkstoffe
Vlies
Reißverschluß: 30 cm lang

Zuschnitt:
→ Rastermaß : 5 cm + 3,5 cm =
8,5 x 8,5 cm
Streifen, schwarz: 3 cm breit
Seitenstreifen: 10,5 cm
Oberer Streifen: 5,5 cm breit

Arbeitsanleitung:

❶ Raster auf zwei rechts auf rechts liegende Stoffe zeichnen und wie auf Seite 48 beschrieben nähen.

❷ Das Muster der Abbildung entsprechend legen und nähen.

❸ Zuerst die schwarzen Streifen, dann an den Seiten oben und unten Streifen annähen.

❹ Die Rückseite gleich gestalten oder einen passenden Stoff verwenden.

❺ Futter für beide Teile gleich groß zuschneiden.

❻ Reißverschluß zwischen Vorderseite und Futter verdeckt knappkantig einnähen. Der Reißverschluß ist rechts und links ca. 6 cm kürzer als die obere Kante und wird mittig eingenäht.

❼ Vlies in der Größe beider Seiten schneiden, jeweils zwischen Futter und Stoff legen und beide Seiten heften. Nach Belieben mit der Hand oder der Maschine quilten. Nach Bedarf Innentaschen mit der Hand einnähen.

❽ Reißverschluß öffnen. Vorder- und Rückseite rechts auf rechts aufeinanderlegen. Rundherum von Reißverschlußanfang bis Reißverschlußende steppfußbreit nähen.

A

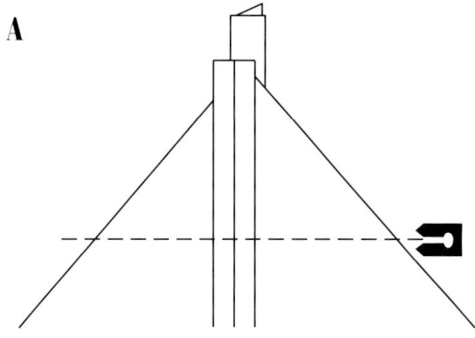

❾ Die Naht mit Zickzackstich versäubern.

❿ Die Ecken so zusammenlegen, daß die Nähte übereinanderliegen. Dann quer zur Naht abnähen (A). Tasche wenden.

SCHMINKETUI

Modellgröße:
ca. 15 x 20 cm

Material:
smyrnafix-Patchworkstoffe
Vlies
Verschlußbügel

Zuschnitt:
1 Quadrat: 3,5 x 3,5 cm im Fertigmaß
→ Rastermaß: 7 x 7 cm
Mittelquadrat: 5 x 5 cm
Streifen: 8 cm breit

Arbeitsanleitung:

❶ Die vier Dreiecke im Quadrat nach dem Rastermaß, wie auf Seite 48 beschrieben, arbeiten

❷ Der Zeichnung (B) entsprechend zusammennähen und die Streifen ansetzen.

❸ Die Rückseite ebenso oder aus einem passenden Stoff arbeiten.

❹ Für Vorder- und Rückseite in gleicher Größe ein Futter zuschneiden, mit Vlies schichten und in den Nähten der Quadrate steppen (quilten).

❺ Die Vorder- und Rückseite rechts auf rechts aufeinanderlegen und bis zur Höhe des einzuarbeitenden Bügels rundherum steppen.

❻ Die Naht mit Zickzackstich versäubern. Das Etui wenden.

❼ Den Bügel an die jeweils nach innen umgelegten Kanten mit der Hand annähen.

B

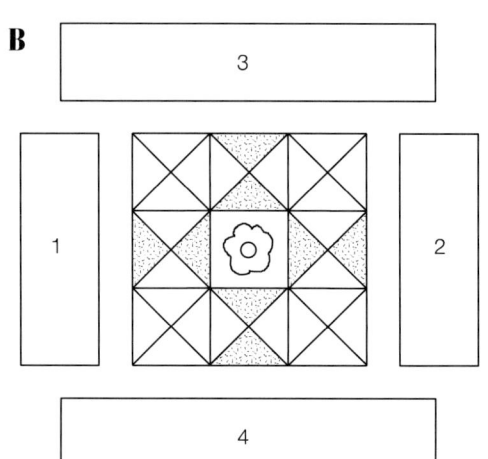

Große Dreiecke über Schablone

(siehe Seite 58)

STERNENSETS

Modellgröße:
Sechszackstern: ca. 36 cm Ø
Achtzackstern: ca. 29 cm Ø

Material:
smyrnafix-Patchworkstoffe mit
Weihnachtsmotiven
dünne Pappe
Quiltgarn
Zirkel

Arbeisanleitung:

❶ Nach der Zeichnung A (siehe Seite 58) zunächst Pappschablonen vorbereiten:
Mit einem Zirkel einen Kreisbogen von 24 cm Durchmesser schlagen und ein Sechseck einzeichnen. Den Kreis und das Sechseck als Pappschablone arbeiten. Das Sechseck an allen Seiten um 1 mm verkleinern.

❷ Aus einem der gleichseitigen Dreiecke und dem Kreisbogen des Dreiecks weitere Pappschablonen herstellen (insgesamt 4 Stück).

❸ Den großen und den kleinen Kreis auf Stoff legen und mit jeweils 1,5 cm Nahtzugabe zuschneiden.

❹ An den Außenkanten des Stoffs bei beiden Kreisen einen Reihfaden einziehen.

❺ Die Pappschablonen auf die linke Stoffseite legen, den Reihfaden ziehen, so daß sich der Rand um die Kreisschablonen legt.

❻ Die Kanten gut bügeln und die Schablone herausnehmen.

❼ Nach der Sechseckschablone Stoff (ohne Nahtzugabe!) ausschneiden und auf den großen Stoffkreis links auf links legen. Sechseckschablone paßgenau wieder auflegen und den Kreisbogen über die Kante legen, bügeln.

❽ Pappschablone entfernen. Die Kreisbogen an der Kante entlang mit Quiltstichen durch alle Stoffschichten quilten. So rundherum verfahren.

❾ Die kleine Dreieckschablone auf den kleinen Stoffkreis legen. Die Kanten darüberlegen und bügeln.

❿ Sechs solcher Zacken arbeiten, dabei alle im gleichen Rhytmus überklappen. Entlang der sichtbaren Kreisbogen quilten.

⓫ Die Zacken rundum an das fertige Sechseck nähen (Nähstich siehe Seite 22).

⓬ Sie können variieren, welche der Sechseckseiten vorn oder hinten liegt und welche Seite der Zacken angenäht werden soll.

⓭ Der achtzackige Stern wird in gleicher Weise gearbeitet (B, siehe Seite 58)

Tip:
Sie können auch die Mitte der Sterne aus Dreiecken arbeiten. Dann benötigen Sie keine große Kreis- und Sechseckschablone, aber die doppelte Anzahl gearbeiteter Dreiecke. Hier ergeben sich andere gestalterische Möglichkeiten. Aus solchen Schablonendreiecken können Sie mit der Hand auch große Decken nähen.

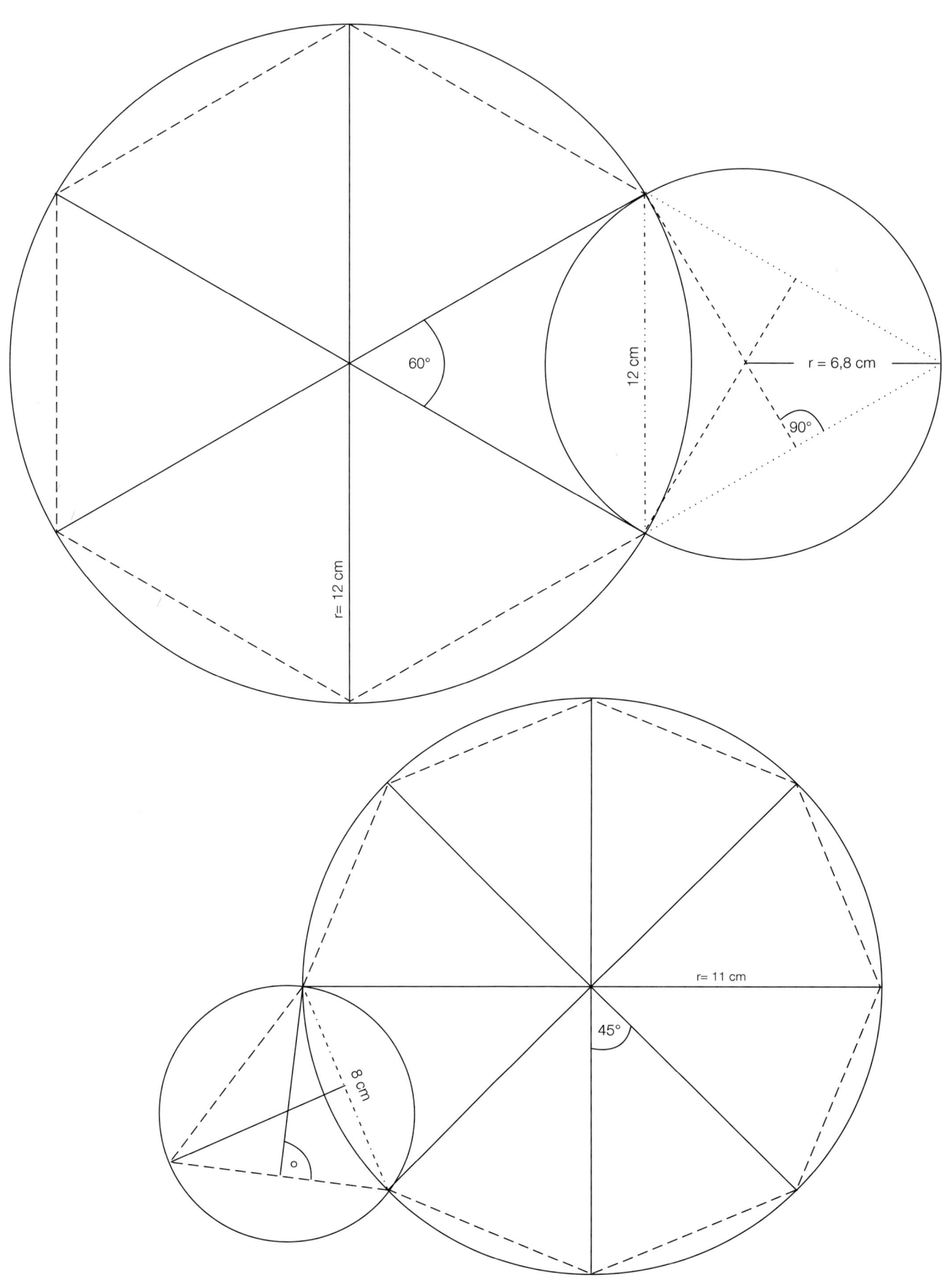

Zuschnitt „Adventskalender"

Abbildung und Beschreibung siehe Seite 60/61

1a – rot: 17,5 x 17,5 cm

1b – rot: 9,5 x 9,5 cm

1c – blau: 2 x 9,5 x 6,5 cm für Dreieck 1b

1d – rot: 8 x 5,5 x 5,5 cm

1e – rot: 2 Dreiecke aus Quadrat, 6,5 x 6,5 cm

2a – blau: 13,5 x 13,5 cm

2b – blau: 9,5 x 9,5 cm

2c – blau: 5,5 x 9,5 cm

2d – blau: 2 x 5,5 x 5,5 cm

2e – blau: 13,5 x 13,5 cm

2f – blau: 1 Dreieck aus Quadrat, 6,5 x 6,5 cm für 4 b

3 a + 3b – blau+grün:
  2 Dreiecke im Quadrat
  → Rastermaß 10,5 x 10,5 cm

3b – grün: 5,5 x 13,5 cm

4 – rosa: 9,5 x 9,5 cm

4a – rot: 2 x 6,5 x 6,5 für Dreieck 4

4b – rosa: 1 Dreieck aus Quadrat 6,5 x 6,5 cm

4c – weiß: 2 x 6,5 x 6,5 cm für Dreieck 1d

5a – weiß: 17,5 x 5,5 cm

6a bis 6f – bunt:
  5,5 x 5,5 cm

7a – bunt: 2 Dreiecke aus Quadrat, 6,5 x 6,5 cm

Rand – bunt:
  7,5 cm breit

Rand – weiß:
  3 cm breit

Randstreifen:
  5,5 cm breit

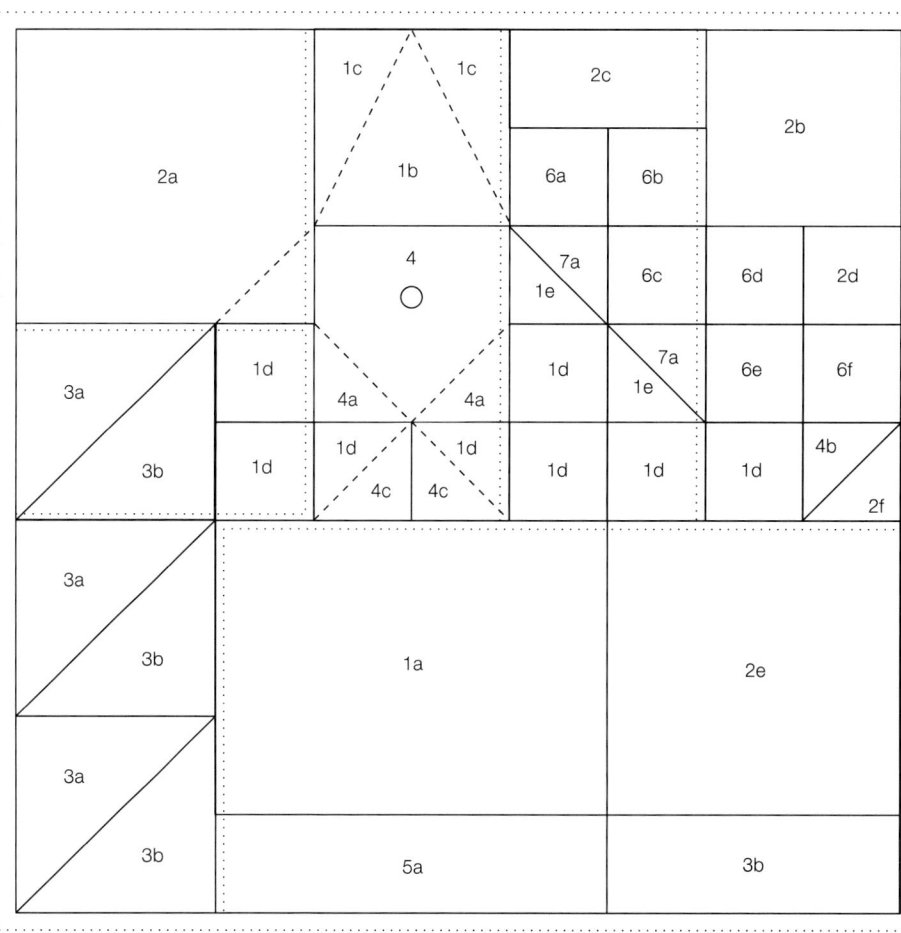

Blöcke

59

Dreiecke und Quadrate

ADVENTSKALENDER

Modellgröße:
ca. 50 x 50 cm

Material:
smyrnafix-Patchworkstoffe
halbierter oder dünner Vlies
goldenes Quiltgarn (evtl. auch Stickgarn)
Gardinenringe
Holzperlen
Knöpfe

Zuschnitt:
siehe Zeichnung auf Seite 59

Arbeitsanleitung:

❶ Alle Teile – Rechtecke, Quadrate, Dreiecke und Streifen – nach der Zeichnung auf Seite 59 zuschneiden.

❷ Zuerst die Dreiecke an die Rechtecke und Quadrate nähen.

❸ Dann die schnellen Dreiecke (für 3 und 3a) arbeiten und das Muster auslegen.

❹ Aus den unterschiedlichen Teilen Blöcke bilden, dann diese zusammenfügen. Alle Blöcke hier sind rechteckig.

❺ Breite Streifen erst rechts, dann links, dann oben und unten an das „Bild" nähen.

❻ In der gleichen Reihenfolge den schmalen weißen Streifen anfügen.

❼ Rückseite passend zuschneiden. Rückseite, Vlies und Vorderseite in der genannten Reihenfolge spannen, schichten und heften.

❽ Die Quiltmuster „Sterne und Engel" (siehe Vorlage Seite 31) mit Weißstift auf die blauen Flächen zeichnen. Dazu eventuell eine Schablone aus Karton anfertigen.

❾ Mit goldenem Quilt- oder Stickgarn die Muster in feinen Reihstichen arbeiten.

❿ Einen Randstreifen (siehe Seite 10) als Abschlußkante rundherum um den gequilteten Adventskalender nähen.

⓫ Auf der Rückseite oben zwei Ringe zum Aufhängen, unten zum Anknüpfen der Pakete ca. zehn Ringe annähen.

⓬ Aus einem Stoffrest eine Schleife nähen und in der vorderen Mitte am roten Randstreifen festnähen.

Tip:
Dieser Weihnachtsmann kann auch als Kissen oder Mittelstück einer Weihnachtsdecke gearbeitet werden. Dann die Nase mit Sticktwist sticken

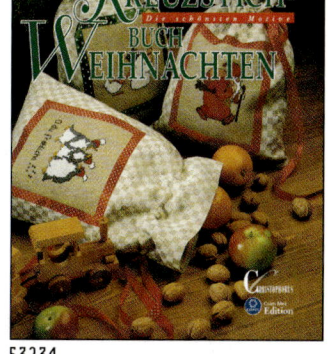

© 1996 Christophorus-Verlag GmbH
Freiburg im Breisgau

Gabriele Reher: Patchwork-Geschenke
Christophorus-Verlag
(Edition Zweigart)

ISBN 3-419-53237-7

Lektorat: Maria Möllenkamp, Freiburg
Fotos: Roland Krieg, Waldkirch
Reinzeichnungen: Uwe Stohrer, Norsingen
Umschlaggestaltung: Network!, München
Satz, Layout, Produktion:
Print Production, Umkirch
Druck: Appl, Wemding, 1996